ASTRONAUT? KANN ICH!

WAS DU ALS WELTRAUMTOURIST UNBEDINGT
TRAINIEREN SOLLTEST UND WIE SICH DEIN
ALLTAG DADURCH VERÄNDERN WIRD

AF208308

Impressum

© FORTUNA Reading Siegendorf
© Alexander Maria Faßbender®
März 2021

Deutsche Erstausgabe
Autor & Text: Alexander Maria Faßbender®
Gesamtproduktion/Verlag: FORTUNA Reading Siegendorf

ISBN: 978-3-9519896-2-4

ASTRONAUT? KANN ICH!

WAS DU ALS WELTRAUMTOURIST UNBEDINGT TRAINIEREN SOLLTEST UND WIE SICH DEIN ALLTAG DADURCH VERÄNDERN WIRD

Alexander Maria Faßbender®
Space Coach®
AstronautTrainer for MentalPsyche©

Vorwort Alexander Maria Faßbender

Wenn du als 6-Jähriger mit drei weiteren Kindern, die bis zu 10 Jahre alt sind, im Schlafzimmer auf dem Bett deiner Patentante sitzt und auf einen kleinen Schwarz-Weiß-Fernseher schaust, dann muss schon was ganz besonderes laufen. Aus dem Lautsprecher tönt: „Die unendlichen Weiten des Weltraumes. Wir schreiben das Jahr …"

Raumschiff Enterprise oder Star Trek ist die Serie für Science Fiction Fans schlechthin. Dass ein Jahr vorher Menschen zum ersten Mal auf dem Mond gelandet sind, hatte ich bis zu diesem Zeitpunkt nur am Rande mitbekommen. Und überhaupt hatte mir damals keiner den Unterschied erklärt zu dem, was im Fernsehen lief und der realen Welt. Es war doch klar und logisch, dass Menschen auf dem Mond waren, oder nicht? Und das hier war halt ein paar Jahre voraus. Kinder eben, die haben eine blühende Fantasie.

Ich habe als Kind immer dieses Genre geliebt und tue es noch heute. Doch was ist hängen geblieben?

Die Faszination für den Weltraum an sich. Und das da draußen irgendwas sein muss. Ich habe in den letzten Jahren gelernt, dass da draußen im Universum mehr Planeten vorhanden sind als Sandkörner auf der ganzen Erde. Da ist es doch verrückt zu glauben, dass wir wirklich die einzigen intelligenten Lebewesen sind. Also bei der Statistik spiele ich lieber Lotto und gewinne wahrscheinlich sogar schneller!

Zu glauben, wir sind alleine im Universum geht einfach nicht. Zu glauben, wir müssen uns vorbereiten, auf was auch immer kommen mag, vielleicht weniger. Denn nicht nur namhafte Physiker sondern auch Astronomen sind sich sicher, dass wir nicht nur auf friedliebende Wesen treffen werden.

Und die wichtigste Frage, die wir uns stellen sollten, ist wohl die: *Wenn wir diese außerirdische Rasse wären, würden wir uns gerne selber treffen wollen?* Wenn diese Rasse wirklich intelligenter ist als unsere, wieso sollen sie sich dann mit diesen primitiven Ureinwohnern zusammensetzen? Einfach mal aus der Perspektive der Außerirdischen betrachtet…

Im Film Interstellar wird der Satz geprägt: *Die Zukunft der Menschheit liegt nicht mehr auf diesem Planeten.* Ja das stimmt wohl, doch keiner will es so recht wahrhaben.

Haben wir eine Wahl? Ja, wir hätten eine, aber die Menschheit ändert nichts. Und mit jedem Tag wird es schwieriger etwas zu ändern. Und irgendwann wird es leider zu spät sein - und dann geht es eigentlich ganz schnell.

„…Aus der Sicht des Universums beträgt ein Menschenleben gerade mal 8 Sekunden. Mehr nicht…"

Filmzitat aus
„Ein Augenblick Unendlichkeit"

Damit Sie ein Gefühl dafür bekommen, was Zeit für das Universum bedeutet und wie der Mensch seine Zeit selber einschätzt.

In Südamerika gibt es den Spruch: ***Die Europäer haben die Uhr und wir haben die Zeit.*** Zeit ist nicht nur relativ, sondern das wichtigste Gut, das wir überhaupt besitzen. Das Schlimmste daran ist, wir verschwenden es. Wir sind uns dessen so lange nicht bewusst, bis wir den Löffel abgeben und gestorben sind. Doch dann ist es zu spät!

Zeit ist die Währung im Universum - aus meiner Sicht und auch die von vielen Physikern, Astronomen, Geologen und Philosophen.

Ich freue mich schon sehr, wenn ich selber in 2 Jahren - oder später - in den Weltraum darf. In den suborbitalen und auch in den orbitalen Raum. Es wird intergalaktisch werden. Es wird mein Leben verändern und es wird mein Umfeld noch mehr verändern.

Bis dahin werde ich mit dem Team der Space Coach Academy zahlreiche Weltraumtouristen auf dem Weg zu ihrem Flug in den suborbitalen Raum begleitet haben, sprich mindestens 103 km Höhe. Und ich werde erleben, wie es diesen Menschen ergehen wird beziehungsweise ergangen ist.

Die pure Lust und Freude auf diesen Flug oder dieses Erlebnis hat mich 2011/2012 dazu inspiriert die Firma Space Coach Academy® zu gründen.

Eigentlich wollte ich nur Menschen begleiten, die in den Weltraum fliegen wollen. Mehr nicht. Aber dann hat sich in den letzten Jahren so viel getan, dass mich der Virus des Pioniers gepackt hat.

Es sind so viele Eindrücke, die mich mittlerweile erreicht und mein Leben bereichert haben, sodass ich mir in den meisten Fällen gar nicht mehr bewusst bin, was ich da alles erlebt habe. Wolfgang, ein von mir ausgebildeter Space Coach der ersten Stunde, sagte erst vor Kurzem zu mir: *Du bist dir gar nicht mehr bewusst, wie faszinierend das ist, wenn du erzählst, was da alles möglich ist. Was man da alles machen muss.*

Und das Beste ist zu wissen, dass ich davon wirklich Ahnung hatte und mich da mittlerweile auskenne. Keine Märchen, keine Fantasie, sondern Fakten.

Genau diese Faszination möchte ich mit diesem Buch vermitteln. Ihnen die Zukunft näher bringen, Ihnen die Pioniere näher bringen und was sie in ihrem Alltag so erleben. Wofür sie brennen und was der eine und andere so erlebt hat oder noch erleben wird.

Ich werde Ihnen hoffentlich Lust auf mehr Weltraum und die Zukunft machen. Mehr Lust machen, auch ein Astronaut zu werden.

Greifen Sie nach den Sternen, bevor es die anderen tun. Das Wort *„Demut"* wird danach kein Fremdwort mehr sein und wir werden Perspektiven einnehmen, die Sie vorher so noch nie eingenommen haben.

Haben Sie Lust auf diese Reise bekommen? Auf die Reise zu sich selbst und wieder zurück?

Lust, Astronaut zu werden?Lust dazu, herauszufinden, ob Sie überhaupt über die mentale Fitness verfügen Astronaut zu werden? Und zwar ohne jede Menge an Geld zu bezahlen für den Flug in den suborbitalen Raum?

Viele Menschen liegen mit ihren Liebsten am Strand oder in einer Wiese oder sitzen irgendwo und schauen ins All. Meistens nachts bei einer sternenklaren Nacht, wie man so schön sagt. Und dann schauen sie so und erzählen ihren Liebsten: „Wie toll doch die Zukunft sein wird und schaue mal da der Stern. Da werden wir bald auch mal sein." Oder sie träumen sich in eine gemeinsame Zukunft.

Ich weiß, ich mache mich jetzt unbeliebt. Aber alles, was wir in den Sternen lesen können, ist unsere Vergangenheit. Nicht mehr, aber auch nicht weniger.

Und dennoch werde ich Sie in eine mögliche Zukunft entführen - oder eigentlich mehr in die Gegenwart. Wir schauen nicht auf das, was war, also das Vergangene. Sondern auf das, was ist. Und auf das, was vielleicht kommen könnte.

Ich wünsche viel Freude beim Lesen der Gegenwart und der Zukunft, die kommen könnte, wenn die Zeit des Universums es zulässt.

Viel Spaß auch beim Lesen der vielen Geschichten rund um die Trainings, die ein Weltraumtourist absolvieren muss. Denn nur dann kann er das Zertifikat erhalten, dass er von der MentalPsyche© her auch fit genug ist, zu fliegen.

Alexander Maria Faßbender®

Wie alles begann und wo wir heute stehen

Wie kommt man denn nun darauf, über den Weg, den ein Astronaut gehen muss, ein Buch zu schreiben? Ein Buch mit dem Schwerpunkt auf der mentalen und psychischen Vorbereitung?

Alles begann im Jahr 2011: damals kam einer meiner Mentees auf mich zu und fragte danach, was ich davon halten würde, wenn er jetzt in seinem Unternehmen Weltraumflüge verkaufen würd.

So wie viele antwortete ich zuerst einmal: Was für ein Quatsch? Im nächsten Moment legte er mir aber Vorverträge vor und ich stellte fest, dass die Firma dahinter es ernst meinte. Kein Fake. Die Firma kann man durchaus nennen, es war die SXC – Space Expedition Corporation. Damals waren da auch so Firmen wie die KLM oder auch Force India involviert. Das erweckte in mir natürlich auch einen gewissen Drang als Mensch mit einem Asperger-Syndrom den Dingen auf den Grund zu gehen.

Die SXC firmierte später noch um, beziehungsweise entstand daraus dann die XCOR Aerospace, die wiederum 2017, soweit uns bekannt ist, nach amerikanischem Recht insolvent gegangen ist. Das ist aber eine ganz andere Geschichte, auf die komme ich vielleicht noch einmal zurück.

Ich entschloss mich also, die Verträge in Ruhe anzuschauen, und beschloss dann mit meinem damaligen Mentee die Firma vor Ort in Amsterdam anzuschauen.

‹

Es ist schließlich eine wichtige Aufgabe, seinen Mentee zu unterstützen und mit Rat und Tat zur Seite zu stehen. In Amsterdam bemerkte ich dann sehr schnell, dass sie es wirklich ernst meinten. Und alles machte einen super Eindruck.

Bei unseren Gesprächen vor Ort stellte ich mir zwei - für mich persönlich wichtige - Fragen:

1. *Wer macht eigentlich die medizinische Begutachtung der zukünftigen Astronauten?*

2. *Wer macht denn so was wie eine psychologische Begutachtung von den zukünftigen Astronauten?*

Die Antwort damals lautet: Niemand, wir verkaufen nur die Flüge und bauen die Rakete. Ergänzend muss ich dazusagen, dass es mich nicht gewundert sondern mehr überrascht hat, mit welcher Arroganz (subjektiv so empfunden) hier über Menschen und deren Leben gesprochen wurde.

Mein Mentee fing darauf hin an, Weltraumflüge für Touristen zu verkaufen. Ich habe ihm dabei geholfen, so gut es ging. Er hat das auch bis Ende 2014 gemacht. Unsere Wege trennten sich da jedoch auch schon. Auf der Rückfahrt ging in meinem Asperger Kopf alles ziemlich drunter und drüber. Was heißt bedeutet das eigentlich: Asperger?

Kurz zur Orientierung für alle, die sich nicht so auskennen. Die meisten fragen mich immer, was der Unterschied zwischen einem Asperger, einem Autisten und einem normalen Menschen sei.

Die Antwort ist immer die gleiche: Ein normaler Mensch hat einen ganzen Kontinent zur Verfügung. Der Asperger Mensch hat, wenn er Glück hat und viel an sich arbeitet, ganz viele Inseln, die er sein eigen nennen kann. Der Autist hat meistens nur eine einzige Insel.

Ein weiterer Unterschied liegt darin, dass bei einem Asperger die interkulturelle Sozialkompetenz nicht so toll ausgeprägt ist - und bei einem Autisten noch viel weniger. Das liegt auch daran, dass wir zwar über Gefühle und Emotionen sprechen können, wir fühlen diese aber nicht.

Also wenn ich zum Beispiel früher über meine Wut gesprochen habe, dann hat man mir das nicht angemerkt. Ausnahme war nur, wenn man mich in eine Ecke gedrängt hatte. Dann bestand meine Flucht darin, dass ich schreiend, rot anlaufend vor dem anderen Menschen stand. Und erst nach dem „Schrei-Höhepunkt", ziemlich abrupt zum Stillstand kam. Ohnmacht war meistens der Endzustand.

Emotionen wirklich zu fühlen, zu spüren, das habe ich erst im Alter von 47 lernen dürfen. Sorry an all die Lebenspartnerinnen, die ich bis dahin hatte. Durch meine Hündin Shiva, die leider im Alter von nur 9 Jahren im Oktober 2019 verstarb, habe ich gelernt, meine Emotionen zu leben.

Dieser Rhodesian RidgeBack hat mir auf eine unglaubliche Art und Weise gezeigt, wie ich als Mensch mit meinen Emotionen umzugehen habe. Das hat fast zwei Jahre gedauert, bis es so weit war, dass ich ein Portfolio an Gefühlen und Emotionen leben konnte.

Sie müssen sich das ungefähr so vorstellen: Sie haben 47 Jahre nie einen Ton gehört. Sie haben immer nur so getan, als wäre es so. Und von jetzt auf gleich können Sie wieder hören. In meinem Fall war es etwas zu spüren, zu fühlen.

Moment: aber ich konnte doch auch früher schon so herzhaft lachen? Ehrlich gestanden: Ich war ein sehr guter Schauspieler. Bin es wahrscheinlich je nach Situation immer noch. Aber wenn man auf einmal seine Emotionen nach 47 Jahren spürt und fühlt, dann ist es wie ein multipler Orgasmus. Ich kann das nur so beschreiben. Weil man unter Umständen den dann genau den ganzen Tag spürt. 24 Stunden lang und damit meine ich echte 24 Stunden, weil man es auch nachts bemerkst. Auf einmal träumt man und spürt etwas. Vorher war einfach alles nur neutral, mehr nicht.

Emotionen zu spüren ist etwas Sensationelles. Und die letzten 7 Jahre waren einfach der Hammer. Ich kann aber auch verstehen, wieso Menschen, die nicht das Asperger-Syndrom in sich wohnen lassen, so verstört sein können, wenn es um ihre Emotionen geht.

Die Inseln, von denen ich eben noch sprach, sind natürlich mein größter Schatz. Die verteidige ich, wenn es sein sollte, mit Mann und Maus,.

Das Gute ist, ich weiß eben auch, welche Inseln mir nie gehören werden. Das wiederum ist ein großer Vorteil: *Ich weiß, was ich nicht kann und suche mir dann Hilfe, für das Thema, um das dann eben geht.*

Die meisten Menschen, gerade die, die in der Selbstständigkeit sich befinden, machen das eben nicht. Die versuchen eben alles, um das nicht vorhandene Talent auszugleichen, anstatt sich gleich professionelle Unterstützung zu holen. Da habe ich wiederum den großen Vorteil. Und wer seine Inseln kennt, kennt diese sehr genau. Wer kann das schon von seinem Kontinent sagen?

Das war die Erklärung, wieso ich bemerkte, dass sich eine neue Insel auftat. Ich fing also an eine neue Insel in Besitz zu nehmen. Meinen Besitz. Die Insel hieß: der Astronaut und das Space Business.

Ich recherchierte tagelang im Internet, was es denn alles so gab im Bereich von Weltraumtourismus. So einiges findet man auch noch im Buch wieder.

Der wichtigste Step, glaube ich, war die Tatsache, dass ich im Jahre 2012 einfach zum Telefonhörer griff und die NASA angerufen habe.

In meinen Vorträgen werde ich immer gerne danach gefragt und auffällig fast nur in Deutschland: *Was mir denn einfiel, einfach so die NASA anzurufen?* Meine Antwort macht die Zuhörer immer sehr verdutzt: *Na, die haben eine Webseite und auf der Webseite steht die Telefonnummer und die habe ich dann einfach so angerufen.*

Aber das macht man doch nicht?

Doch, ich mache so etwas. Denn das ist meine Insel. Die Insel heißt: Wenn du es nicht probierst, dann weißt du auch nicht, ob es nicht doch funktioniert hätte. Du weißt nie, ob du damit nicht doch Erfolg gehabt hättest. *Wer nicht wagt, der nicht gewinnt.*

Ich wurde damals direkt an Dr. John Holland vermittelt. Und ihm bin ich heute noch zutiefst dankbar. Er hat mir Zugang zu den diversen Studien zu kommen lassen, die es damals gab. Einer der bekanntesten ist wahrscheinlich die „500 Mission to Mars".

Da ich in meinem Asperger *SEIN* leider Sprachen nicht so kann, gerade beim Lesen, war es sehr schwer für mich alles sofort und leicht zu verstehen. Ohne Hilfe von Karina Schneider und damals auch noch Dorothee Herguth wäre das Umsetzen 2012 und 2013 nie möglich gewesen. Seit 2014 arbeite ich intensiv an meinem Englisch. Also das, was möglich ist. Meine Lehrerin war Sandhya Sendraj. Eine tolle Trainerin, die indischer Herkunft ist, südafrikanischen Wurzeln besitzt und in der Nähe von Frankfurt arbeitet. Diese Dankbarkeit gehört einfach dazu und der Respekt und Achtung vor dieser, für mich sehr wichtigen Unterstützung.

2013 startete dann bereits der sogenannte "Null Nummer Lehrgang" . Dazu hatten sich einige Menschen bereit erklärt, mit ins Boot zu kommen und mit dabei sein zu wollen. Zum Beispiel Stephan Stavridis, Dr. Christian Hanisch, Karina Schneider, Peter Rabeneck und noch einige andere, die aber nicht mehr bei uns sind oder nicht weiter gemacht haben. Auch das muss man an dieser Stelle erwähnen. Denn es gehört zum Leben und allem anderen dazu.

Stephan ist mittlerweile fest integriert bei allem was zum Thema Sales und Marketing gehört. Christian ist ein extrem wichtiger Bestandteil der großen Familie. Ohne Christian hätten wir heute nicht unseren trauma-therapeutischen Methodenkasten im Space Coaching®. Wir haben uns damals 2013 in Bad Tölz getroffen und das, was Christian schon hatte, ergänzt und verfeinert, passend auf die ganz spezielle Zielgruppe, die wir damals ins Auge gefasst hatten: die Touristen für den Weltraum.

Mittlerweile wird die Methode „emotionSync®" seit Jahren schon wissenschaftlich untersucht und begleitet. Er hat seine Professur damit gemacht. Christian hat zusätzlich eine ganz eigene space-Sync Methode noch entwickelt. Und ganz wichtig, wir haben die Methoden für unsere spezielle Zielgruppe anpassen können, nämlich die der Astronauten. Dabei spielt es keine Rolle, ob echter Astronaut oder Weltraumtourist.

Wir sind also im September 2013 mit 4 Tagen gestartet. Heute geht der gesamte Lehrgang über 17 Tage, aufgeteilt in 5 Modulen. Und wenn ich so nach vorne schaue, dann könnte es durchaus sein, dass wir auch bald die 20 Tage anbieten werden.

Der zweite beziehungsweise der erste offizielle Kurs startete dann im Mai 2014 und dauerte schon 8 Tage. Da es der erste offizielle Kurs war, hier auch gerne erwähnt die Teilnehmer: Lorenz Wenger, Eduard Landaal, Wolfgang Kaufmann und Theresia Marty.

2014 war auch das Jahr, wo wir zum ersten Mal bei der ESA beziehungsweise auch im DLR aufschlugen. Wir haben uns damals einen ganzen Tag dort aufhalten dürfen. Das war wie ein großer Abenteuerspielplatz. Keiner wusste damals, was noch so alles auf uns zukommen sollte.

Mein persönlicher Dank gilt hier vor allen Dingen Prof. Dr. Gerzer vom DLR und mein Dank geht auch an Andreas Diekmann von der ESA. Ich verfalle auch heute noch immer in Demut, wenn ich mich auf dem Gelände des DLR oder der ESA bewegen darf. Das verstehen vielleicht viele nicht, aber es ist für mich nicht selbstverständlich, dort mehr oder weniger ein und ausgehen zu können oder zu dürfen.

Ich kann mich noch gut an meine erste und bisher einzige Begegnung mit dem Astronauten Reinhold Ewald erinnern. Du sitzt da in der Kantine des DLR und dann wirst du gefragt, ob neben dir noch ein Platz frei ist. Und schon saß Reinhold Ewald neben mir. Und wir plaudern so, als wenn es das Normalste auf der Welt wäre. Gut, das ist es wahrscheinlich auch. Zwei Menschen unterhalten sich in einer Kantine. Aber ich saß damals zum ersten Mal neben einem Menschen, der schon im Weltraum war. Und es war nicht die letzte persönliche Begegnung mit einem Menschen, der sich schon im Weltraum befunden hatte. Es folgten in den nächsten Jahren noch sehr viele mehr.

Andreas Diekmann hat uns sehr viele Türen geöffnet, das werde ich nie vergessen. Vielen Dank dafür.

Damals war allen, auch mir, klar, dass wir da etwas extrem Tolles am Start haben. Und das Beste war damals auch schon, dass es keine wirkliche Konkurrenz gab. Wir mussten aber auch, aus heutiger Sicht betrachtet, so gegen einiges ankämpfen, gegen Bürokratie in Deutschland und gegen Vorurteile uns gegenüber.

Gerade das DLR hatte es uns schwer gemacht, eine eigene psychologische Abteilung beziehungsweise Standort in Hamburg zu etablieren. Das führte dazu, dass wir immer gerne als Konkurrenz betrachtet worden sind. Es war eine große Anstrengung, mit Kompetenz zu begeistern und zu überzeugen, dass wir keine Konkurrenz sondern nur eine perfekte Ergänzung zu dem sind, was das DLR Hamburg so macht.

Wir können und werden nie diese Art von Tests durchführen und wollen es auch nicht. Wir sind schließlich in erster Linie für den Weltraumtouristen zuständig. Und Weltraumtouristen wollen auch gar nicht diesen Umfang Testaten durchführen. Die brauchen sie ja auch nicht.

Wir haben einen Stresstest ins Leben gerufen, ganz speziell für Weltraumtouristen und exakt auf jeden möglichen Flug abgestimmt. Und wir haben diesen Test nicht nur entwickelt, um sagen zu können: „Nein du darfst nicht mitfliegen oder ja, du darfst mitfliegen." Dieser Test ist die Basis, um mit diesen Personen weiter arbeiten zu können, um sie nach Möglichkeit doch noch fit für den Flug zu machen - basierend auf der Grundlage von Belegen, von Tatsachen, dass die Personen auch wirklich stressfrei sind.

Wir führen, basierend auf den uns bekannten Anforderungen der Unternehmen, die Weltraumflüge anbieten, diesen Test durch. Da bisher jeder, den wir schon durch diesen Test geschickt haben, reagierte, erhalten wir so Aufschluss darüber, wer, wo Stress bekommt.

Danach erarbeiten wir mit den Personen einen Plan aus, damit er diesen Stress abbauen kann. Der Weg zur Stressfreiheit oder zur bestmöglichen Stressfreiheit wird hier im Buch noch näher beschrieben. Das ist die Basis unserer Arbeit oder dessen, was wir tun wollen. Es gibt noch weitere Aspekte, auf die ich aber erst später eingehen möchte.

Im Laufe der Jahre ist dann viel passiert. Eines möchte ich aber herausstreichen: wir sind bei trotz vieler Rückschlägen und Steinen, die uns gerne in den Weg gelegt worden sind, dran geblieben.

Alle, die bei uns im Space Coach® Lehrgang waren, sind auch „stand by" geblieben. Das bedeutet, sie haben ganz normal ihren Job weitergemacht. Das haben wir auch immer so kommuniziert. Niemand von der Geschäftsleitung hat es eben in der Hand, zu sagen, wann jetzt wirklich und endlich die kommerziellen Touristenflüge losgehen werden.

Wieso eigentlich nicht? Weil wir als Space Coach Academy® die Dinge leider nicht bauen. Ob es dadurch allerdings besser oder schneller gehen würde, wage ich zu bezweifeln.

Exemplarisch sei hier das Zeitfenster Ende 2014 und Anfang 2015 zu erwähnen. Damit man einmal versteht, was alles möglich ist.

Oktober 2014 verunglückte bei einem Testflug von Virgin Galactic die Maschine. Dabei starb einer der Piloten. Tragisch – und traurig natürlich zugleich. Man spürte damals so etwas wie eine Schockstarre in der Branche. Die großen Player, die sich mit den kommerziellen Themen nicht so beschäftigen, zeigten zwar keine Schadenfreude, aber der erhobene Zeigefinger macht deutlich: *Wir haben es ja gesagt.*

Nur wenige Wochen später ging eine Firma wie *Blue Origin* her und legte eine mustergültige Start-Ziellandung mit einer wiederverwendbaren Rakete hin. Eine Firma, von der hatte man zirka 10 Jahre nichts mehr gehört. Und diese Firma zieht, was den suborbitalen Weltraumflug anbelangt, seit Januar 2015 an jedem sogenannten Konkurrenten vorbei. Das war wirklich großes Kino.

Ende 2015 begann dann SpaceX seinen bis heute auch anhaltenden Höhenflug von diversen Starts und geglückten Landungen. Und es geht dabei nicht um: *Wer ist hier der ERSTE.* Hier geht es um neue Techniken und um die Zukunft des Transportwesens der Menschheit.

Zwischen 2016 und 2019 haben wir uns enorm weiterentwickelt. Wir haben 2019 weltweit hohe Anerkennung erfahren dürfen. Auf diversen Veranstaltungen waren wir nicht nur eingeladen und durften an Diskussionen teilnehmen oder Reden halten und somit unsere Beiträge zum Besten bringen. Nein, wir wurden immer wieder angesprochen, ohne dass wir auf einer Bühne standen. Und man gratuliert uns für das fantastische Konzept, lobte unsere Arbeit und hob hervor, wie wichtig die noch werden wird.

Auch Institutionen von Nationen waren darunter, die jetzt nicht bekannt dafür sind, ein eigenes riesiges Weltraum oder Astronautenprogramm zu besitzen.

Seit 2017 dürfen wir uns auch auf dem Gelände von Airbus bei „Space and Defence" bewegen. Eine für uns wichtige Möglichkeit - als Ausgleich zum EAC dem „Europäischen Astronauten Center" in Köln, auf dem Gelände der ESA beziehungsweise des DLR. Wir haben unseren Space Coach® Lehrgang noch mehr qualifiziert und auch die Quantität konnten wir nochmals steigern.

Sogar die Medien innerhalb von Deutschland wurden endlich mal aufmerksam auf uns - und zwar im Rahmen der 50 Jahr-Feier anlässlich der Landung auf dem Mond. Ob man es allerdings verstanden hat, das wage ich manchmal immer noch zu bezweifeln.

Wir stehen mit allen mehr oder weniger wichtigen Organisationen und Institutionen in Kontakt. Mit den einen intensiver und mit anderen etwas weniger. Man kennt sich und das ist das, was zählt, nämlich der Austausch auf Augenhöhe. Man hat nie das Gefühl, dass man weniger wert ist, als ein Unternehmen, das an der Börse notiert.

In den letzten 5 Jahren haben wir auch immer wieder Anfragen gehabt von Investoren, die bei uns einsteigen wollten. Am Anfang fanden wir das alles noch sehr spannend und unsere Chefetage war immer sehr nervös und aufgeregt vor jedem einzelnen Gespräch.

Wir mussten aber immer wieder feststellen, dass es am Ende immer auf Folgendes hinausgelaufen ist: Du triffst auf Dampfplauderer, die dir das Blaue vom Himmel versprechen. Aber wie es schon heißt: „Ver-Sprechen". Halten – überhaupt nix. Dann hast du die reinen Zahlen-Daten-Fakten, also die ZDF-Leute. Da zählt nur der Umsatz zum Einsatz. Da waren wir immer schnell raus.

Visionäre, die das Potenzial dieses Business erkennen, waren leider nur sehr wenige darunter. Bei denen war es dann manchmal sogar schon so weit, dass wir schon beim Notar waren. Und dann hörten wir nichts von ihnen. Das klingt jetzt hart, aber wir haben nur die Mitteilung erhalten, dass es diese Person nicht mehr gibt und man uns nicht mehr dazu sagen könnte. Das Schreiben stammte aus dem Land mit der großen Mauer. Und erst im letzten Jahr hatten wir auch einen Interessenten, mit dem wir uns mal wieder einig waren und dann hieß es, das Geld könne jetzt doch nicht fließen.

So ist das Leben eben. Und mittlerweile haben wir schon so lange durchgehalten, sind dran geblieben und haben nie aufgegeben, dass wir es jetzt auch nicht mehr brauchen. Die paar Monate noch, bis die Flüge endlich losgehen, werden wir auch noch überstehen.

Den Schritt zur Aktiengesellschaft haben wir leider noch nicht geschafft. Ob wir das allerdings noch wollen? Wir werden sehen. Die Analysten haben nach vorne geschaut und dann wieder zurückgerechnet, was wir heute schon Wert sein könnten und vielleicht auch sind. Herausgekommen ist eine Summe zwischen 7 und 14 Millionen.

Wir haben uns dann, im Rahmen der AG, auf den Wert von zehn Millionen geeinigt. Daraus entstanden dann 100.000 mögliche Aktien mit einem Wert von 100 € pro Aktie. Alternativ gab es noch die Idee, 1.000.000 Aktien mit einem Wert von 10 €. Geplant war, max. 25 % raus zu geben. Mehr nicht. Wie gesagt, es waren Pläne, aber umgesetzt haben wir es eben nicht. Die Bedingungen passten eben nicht.

Wo stehen wir heute? Die Anbieter von suborbitalen Flügen stehen parat und wollen auch. Diese müssen allerdings noch das eine oder technische Dilemma beseitigen und sichern, damit die Flüge nicht nur einmal stattfinden können, sondern so wie geplant auch regelmäßig.

Wir stehen Gewehr bei Fuß, wie das so schön in der deutschen Sprache heißt. Wir haben am *06.12.2019 einen Meilenstein* in der kommerziellen und bemannten Raumfahrt hingelegt. Wir haben nach Rücksprache mit der FAA der *Federal Aviation Administration,* eine US-Behörde, die unter anderem für die Flugsicherheit zuständig ist, ein Draft Paper veröffentlicht, dass klären soll, unter welchen Voraussetzungen ein Tourist in den Weltraum fliegen darf. Oder anders ausgedrückt, wenn er diese Voraussetzungen nicht erfüllt, darf er auch nicht fliegen.

Das muss man so verstehen: Auch Piloten zum Beispiel müssen sich jedes halbe Jahr psychologisch testen lassen, um ihre Flugtauglichkeit zu bestätigen.

Und genau Selbiges hat die Space Coach Academy® entwickelt, damit der Weltraumtourist auch sicher wieder zurückkommen kann. Er ein tolles Erlebnis haben wird und vor allen Dingen nicht in Notfälle geraten kann. Oder wir eben diese Notfälle und deren Unwahrscheinlichkeiten trainieren, damit er dann diese möglichen Notfälle leichter bewältigen kann. Die mentale Sicherheit steht hier im Vordergrund.

Dieses Papier wurde an alle wichtigen Organisationen und Institute übersendet. Bisher wurde es, bis auf eine einzige Ausnahme, extrem positiv angenommen. Derzeit arbeiten wir an der Zertifizierung mit der FAA. Mehr dazu noch im Kapitel: *Wieso sollte man mit uns arbeiten wollen?*

Unsere Arbeit beschränkt sich seit 2017 aber nicht mehr nur auf den Lehrgang zum Space Coach®, sondern immer mehr auch im unternehmerischen Bereich. Gerade im Jahre 2019 hatten wir nur Bewerbungen von Personen, die nicht nur dabei sein wollten, weil es um den Weltraum geht oder die Arbeit mit den Weltraumtouristen. Die man im übrigen gerne auch in der Fachsprache *Space Flyer* nennt.

Diese Personen waren bereits ausgebildete Coaches und wollten bei uns mitmachen, weil es aus ihrer Sicht die Ausbildung zum Space Coach® die ideale Ergänzung zu ihrem Angebot war. Das finden wir als Space Coach Academy® natürlich Klasse!

Es zeigt eine Entwicklung an, die uns mehr als nur gefällt. In den Unternehmen, in denen auch jetzt schon der eine oder andere Space Coach® tätig ist, wird gerne folgender Satz geprägt: *Wieso soll ich mit einem Coach arbeiten, wenn ich doch einen Space Coach® haben kann?*

Der arbeitet schließlich mit den Astronauten zusammen. *Der hat die beste Perspektive, die man überhaupt haben kann.*

Dabei spielt es keine Rolle, ob hier von echten Astronauten oder den Weltraumtouristen die Rede ist. Wir haben ja auch die beste Perspektive von allen, auch und gerade, weil wir noch nicht selber geflogen sind.

Das müssen wir auch nicht. Wir müssen uns hineinversetzen können, als sehr gute Coaches oder in dem Fall als Space Coaches®. Einfühlungsvermögen ist eine der wichtigsten Grundlage, um ein Space Coach® letztendlich werden zu können.

In den Unternehmen sind wir mittlerweile schon sehr gut vertreten. In Europa und auch ab und an auch schon in Russland. Der Rest der Welt kommt noch. Die Schweizer Kollegen und Kolleginnen haben sich hier schon zu einer kleinen aber feinen eigenständigen Webseite zusammengeschlossen und machen somit auf den Space Coach® auf ihre eigene Art und Weise aufmerksam. Und es funktioniert immer besser, was die Auftragslage anbelangt.

Dadurch, dass die Flüge immer näher rücken, rücken wir auch immer mehr in den Focus der Gesellschaft und auch der Öffentlichkeit.

Astronaut zu werden ist fast so wie früher Feuerwehrmann zu werden zu wollen. Future Astronaut nennt man sich, wer Astronaut werden will und auch wirklich Ambitionen hat, fliegen zu wollen.

Wir haben etliche Videos ausgewertet, gerade von den Testflügen mit den Dummys. Speziell hier die Flüge bei Blue Origin und bei Virgin Galactic. Aber auch die Flüge von SpaceX stehen bei uns hoch im Kurs und folglich im Focus.

Daraus haben wir ganz viel, gerade für das *Draft Paper,* noch abgeleitet und integriert in unsere Trainings, also die Trainings für unsere Space Coaches®. Und die wiederum trainieren ja dann letztendlich auch die **Future Astronauts** oder die Astronauten, je nachdem ob es dann Wiederholungstäter sind oder werden.

Wir haben Szenarien entwickelt, die so wahrscheinlich nie oder nur ganz selten vorkommen werden. Oder Szenarien, die sehr oft vorkommen werden, für die es aber bisher keine Lösungen gab. Zumindest keine Lösung, die auf die Passagiere zugeschnitten war. Das haben wir geändert. Und das findet man hier im Buch sehr eindrucksvoll wieder.

Einen drauf gesetzt haben wir auch, und zwar, dass wir alles, was wir mit den Astronauten trainieren, auch einen Transfer in jeden Alltag der Erdlinge haben kann und auch wird. Entscheidend ist der authentische Transfer, auf die jeweilige Situation, des jeweils einzelnen.

Das bedeutet, im Buch selber werden Sie nicht nur Situationen finden, die es für den Astronauten zu bewältigen gilt, sondern wie wir auch einen Transfer für den Alltag eines jeden vollbringen. Man kann das Ganze sogar noch steigern, indem wir zum Beispiel unseren *„Primary Check"* so adaptieren, dass wir diesen auf jede berufliche Situation anpassen können.

Damit finden wir Stresssituationen - und dann gilt es so zu trainieren, dass zukünftige ähnlich gestaltete Situationen erst gar nicht mehr auftreten werden. Im Übrigen noch ganz wichtig, wenn wir von Astronauten reden, meinen wir damit sowohl Männer wie Frauen. Nur im Deutschen wird mittlerweile sehr streng unterschieden zwischen Astronaut und Astronautin. Daher ist es für die deutsche Ausgabe wichtig, das hier auch nochmals festzuhalten. Der Begriff Astronaut steht also für beides.

Wussten Sie, dass ursprünglich auch die Amerikaner ihre Astronauten Kosmonauten genannt haben? Durch den Kalten Krieg hat man sich aber entschlossen, den Begriff zu ändern. So festigte sich dann im Westen der Begriff Astronaut und im Osten der Begriff Kosmonaut. In China nennt man die Astronauten oder Kosmonauten übrigens Taikonauten.

Die nächsten 10 Jahre wird es wieder ein Zeitalter des Weltraumes geben. Und es ist wichtig, weil wir dadurch auch auf die Erde anders blicken werden und auch können. Der Mensch wird dabei im Mittelpunkt stehen. Roboter werden nur einen Teil übernehmen können. Wir als Space Coach Academy® werden wohl mit dabei sein und an der vordersten Stelle unseren Beitrag leisten können, dass der Mensch seine Reise in den Weltraum – mit Hilfe von MentalPsyche© - sicher auch überstehen wird.

Es wird spannend werden und auch bleiben und wir werden sehen, wenn wir das Jahr 2030 schreiben und zurückblicken, was wirklich alles Geschehen ist und wieso es nicht Geschehen durfte oder konnte. Es war das Jahr 2014, da sagte man uns schon immer wieder: *Es ist nicht mehr die Frage, dass wir in den Weltraum zu-*

rückkehren werden, sondern die Frage ist wann. 2016 fingen dann viele an und erzählten uns, dass man nicht von Jahren spricht, sondern nur noch von wenigen Jahren. Seite 2018 heißt es nun, es handele sich noch um Monate. An dem Tag wo die Rede ist, von Wochen, an dem Tag würde ich anfangen zu planen, wann ihre Reise denn nun beginnen soll.

In meinem Buch geht es darum, Ihnen zu zeigen, wie einfach es sein kann, Astronaut zu werden. Aber auch zu zeigen, was es bedeutet, welche Grenzen man vielleicht überschreiten muss oder sollte, damit es auch mit der Reise ins Weltall losgehen kann. Es wird nicht jeder die finanzielle Möglichkeit haben eine Reise zu buchen. Das mag sein, aber man kann doch mal schauen, ob man nicht die Fertigkeiten und Fähigkeiten besitzt, ein Astronaut sein zu können. Und ganz wichtig, ich habe eben diesen wichtigen Transfer eingebaut, damit auch wirklich jeder etwas davon haben kann.

Astronaut? Kann ich wirklich.
Wenn ich genügend trainiert habe. Wenn ich mich mit bestimmten Themen auch wirklich intensiv beschäftigt habe. Wenn ich gelernt habe, auch mal anderen Regeln zu folgen. Wenn ich mich zum Beispiel damit beschäftigt habe, was es bedeutet vielleicht sogar zu sterben. Wenn ich mich auf die verschiedenste Dinge desensibilisiert habe und so weiter, und so weiter. Die Space Coach Academy® mit ihren derzeit 50 Space Coaches® steht bereit und freut sich auf das, was da noch kommt. Erforschen Sie den Weltraum - auf Ihre eigene Art und Weise. Und schauen Sie jetzt hier, ob Sie das Zeug zum Astronauten haben, egal ob Sie sich den Flug nun leisten können oder nicht.

Was für einen Markt gibt es denn eigentlich?

Es ist für mich persönlich auch immer wieder erstaunlich, was es denn so alles auf dem Markt gibt. Und was ist denn bitte der Markt überhaupt?

Man muss erst einmal unterscheiden zwischen dem *suborbitalen und orbitalen Markt*. Dazu kommt dann noch so was wie eine Stratosphären-Reise. Aber die soll uns nur am Rande beschäftigen.

Man muss auch hier einmal klarstellen: Es geht darum, die kommerziellen Passagiere auf eine Höhe von über 100 km zu bringen. Erst danach bekommen die auch ihre Flügel, eine Urkunde aus der hervorgeht, dass sie diese Grenze erreicht haben und deshalb sich ab sofort Astronaut nennen dürfen.

Es gibt allerdings hier noch einen Unterschied. Die US-Air-Force zum Beispiel definiert jeden als „Astronaut", der es in eine Höhe von 50 Meilen, also 80 Kilometer über den Meeresspiegel geschafft hat. Einen wirklich guten physikalischen Grund dafür gibt es allerdings nicht.

Die NASA dagegen hält sich an eine Definition, die von der *Fédération Aéronautique Internationale* festgelegt worden ist und die Grenze auf eine Höhe von 100 Kilometern gelegt hat. In diesem Fall allerdings mit ein wenig Überlegung und nicht völlig willkürlich.

In den 1950er Jahren wollte der Physiker Theodore von Kármán herausfinden, wo der Unterschied zwischen Luftfahrt und Raumfahrt liegt und hat dazu einige Berechnungen angestellt. Raus kam dabei die heute weltweit gültige Kármán Linie.

Ein Raumflug verläuft genau dann suborbital, wenn er nicht die erste kosmische Geschwindigkeit erreicht. Diese Geschwindigkeit hängt von der Masse des Himmelskörpers und von der Flughöhe ab; in 180 km Höhe über der Erdoberfläche beträgt sie beispielsweise rund 28.000 km/h.

Von einem Raumflug spricht man, wenn die Grenze zum Weltraum überschritten wird. Zur Lage dieser Grenze gibt es wie schon erwähnt, verschiedene Auffassungen.

Suborbitale Fluggeräte sind im Allgemeinen preisgünstiger in Entwicklung, Bau und Betrieb als orbitale Raumfahrzeuge. Wegen ihrer geringeren Fluggeschwindigkeit benötigen sie weder einen so starken Antrieb noch so aufwendige Hitzeschutzmittel, um den Wiedereintritt aus dem Orbit unbeschadet zu überstehen. Ohne nennenswerten Hitzeschutz, das nennt man dann mehr suborbital. Auch die strukturelle Belastung durch den Luftwiderstand ist beim Wiedereintritt mit niedrigerer Geschwindigkeit geringer, sodass das Fluggerät nicht so robust gebaut sein muss.

Orbitale Flüge gehen dann schon mehr in Richtung *ISS* oder dann später auch zum Mond beziehungsweise irgendwann auch zum Mars. Die Menschen, die sich also auch einen Raumflug leisten können, wollen also die Grenze von 100 km überschreiten, um dann wie schon erwähnt diese Urkunde zu bekommen. Das nennt man auch gelungene Marketing Strategie.

Derzeit ist wohl die Firma von Jeff Bezos am nächsten dran – Blue Origin. Man startet mit den Raketen New Shepard und New Glenn. Der Kenner bemerkt, dass Jeff Bezos wahrscheinlich eine Ehrerbietung den Mond-Astronauten gegenüber aufbringt.

An der Spitze der wiederverwendbaren Raketen ist eine Kapsel, in der sich 5 Passagiere befinden sollen. Blue Origin testet fleißig immer weiter und hat auch schon etliche Testflüge mit Dummys und jede Menge an elektrischem Equipment durchgeführt.

Wichtig ist dabei aber nicht nur die Landung der Kapsel, sondern auch der wiederverwendbaren Raketen. Soweit bis heute bekannt ist, ohne Unfälle. Sicherheit Check groß. Ankündigung, dass bis Ende des Jahres 2020 die ersten kommerziellen Flüge mit Passagieren absolviert sein sollen. In 2021 sollen dann regelmäßig Passagiere mit über die magische Grenze von 100 km genommen werden. *Durch die Pandemie haben sich viele Termine leider nach hinten verschoben. Derzeit geht man davon aus, dass mit einem Beginn gegen Ende des ersten Quartales 2022 zu rechnen sein könnte.

Offizielle Zahlen gibt es hier leider nicht, wie viele Menschen mittlerweile bereits gebucht haben und auch schon bezahlt haben. Aber man weiß aus gut unterrichteten Quellen, dass es um die 3000 bereits bezahlten Tickets geben wird, bei Blue Origin.

Es gibt allerdings auch eine ganz andere Zahl aus dem Jahre 2015. Daraus geht hervor, dass sich über 5 Millionen Menschen dafür interessieren, diesen suborbitalen Flug zu buchen. Das Besondere daran ist, dass diese Personen weltweit in der Lage sein sollen, auch die Summen die aufgerufen werden, zu bezahlen. Wir reden hier über eine Summe von 200.000 € bis 400.000 € für einen suborbitalen Flug. Die Kosten für einen orbitalen Flug, zum Beispiel für Flüge in einer Erdumrundung, liegen geschätzt zwischen 1 Million und 1,5 Millionen.

Dagegen ein Flug touristischer Art zur ISS liegt derzeit noch bei circa 25 Millionen € aufwärts. Wenn die ISS aller Wahrscheinlichkeit nach 2024/2025 zum ersten Weltraumhotel umgebaut werden sein wird, dann wird der Trip dorthin wahrscheinlich bei unter 10 Millionen liegen. Hierfür verantwortlich wird dann wohl die Firma Bigelow Space und auch Axiom Space sein. Man wird sehen, was am Ende des Tages passieren wird.

Um aber die Preisschiene komplett zu machen, hier auch noch die Preise, die man derzeit schon für den Mond aufruft. Angeblich soll Tom Cruise bereits 125 Millionen gezahlt haben, um mit einem chinesischen Unternehmen ganze 10 Tage auf dem Mond zu verbringen. Ursprünglich war einmal die Rede davon, dass das Ganze um die 2025 stattfinden sollte. Mittlerweile gehen aber selbst die besten Experten davon aus, dass dies erst um die 2030 erfolgen wird.

Wobei man aber auch hier sagen muss: Es tut sich was im Bereich der Entwicklung und des Vorankommens. Das ist enorm wichtig und muss man auch verstehen, denn innerhalb der Unternehmen herrscht ein enormer Druck. Wieso eigentlich?

Nun, man bedenke, dass bis zum Jahresende 2021 von amerikanischem Boden aus wohl wieder amerikanische Astronauten zur ISS fliegen werden. Das ist seit dem Ende des Space Shuttle Programm im Jahre 2011 nicht mehr der Fall gewesen.

Die Firma SpaceX wird dann mit der Dragon V2 bis zu sieben Astronauten transportieren können. Das macht SpaceX, was das Transportwesen anbelangt, schon seit einigen Jahren.

Die Russen über Roskosmos sind die sichersten Versorger, was die ISS anbelangt, in den letzten 30 Jahren gab es keinen sichereren Weg, ins Weltall zu gelangen, als mit den Russen zu fliegen. Russland hat für die nächsten Jahre einige Kooperationen abgeschlossen. Mit der ESA (European Space Association), mit den Chinesen und auch mit den US-Amerikanern.

Und umgekehrt gibt es auch jede Menge an Kooperationen der ESA mit den Russen und den US-Amerikanern. Und die US-Amerikaner haben wiederum Verträge mit anderen abgeschlossen.

Das, was hier im Vordergrund steht, ist die Besiedlung des Mondes und die Raumstation, die sich um den Mond drehen soll. Die Chinesen konzentrieren sich stark auf den Mond, auf eine eigene Station um die Erde und um den Mond.

Was aber bedeutet das letztendlich?
Nun ganz einfach, wenn alle großen Nationen versuchen wieder auf den Mond zu gelangen oder neue Raumstationen zu entsenden, wieso schaffen es denn dann diese anderen Firmen nicht eine Rakete auf läppische 100 km zu bringen und die Kapsel oder den Raumgleiter wieder sicher zu landen. *Wo ist bitte das Problem?*

Das war es ja schon immer. Der Glaube alleine fehlt dem einen oder anderen eben. Der Druck ist enorm groß auf alle Beteiligten. Heißt im Klartext, wenn spätestens nächstes Jahr wieder amerikanische Astronauten, von amerikanischem Boden aus zur ISS gebracht werden, dann wird der Druck für die 100 km Weltraumtouristen noch größer werden.

Und wenn wirklich die Chinesen anfangen, ob mit oder ohne Russland, ab 2023 auf dem Mond sich bereitzumachen, dann wird es erst recht knapp werden. 2023 und früher wollen die Russen und die Chinesen, vielleicht auch gemeinschaftlich anfangen, wieder zum Mond zu fliegen und anfangen eine Basis dort zu entrichten.

Der Druck wird also wachsen. Das darf aber nie zulasten der Sicherheit passieren. Das ist auch gut so, weil die Sicherheit vor allen Dingen auf US-amerikanischem Boden sehr großgeschrieben wird, seit den beiden Katastrophen innerhalb der Space Shuttle Ära.

Die Sicherheit wird bei ALLEN sehr großgeschrieben und wird es auch weiterhin. Wenn man die echten Astronauten fragt, würdest du noch einmal fliegen wollen, dann antworten diese in der Regel wie folgt: *Wenn alles mit mindestens 80 bis 90 % Sicherheit abgeklärt ist oder wäre, dann ja.*

Und klar, es kostet eine Menge an Geld. *Jeff Bezos* und *Elon Musk* stehen mit ihrer Firmen nicht alleine da und können sich es aber leisten, nach allen Rückschlägen.

Medial sind beide schon so oft geschlachtet worden, dass es ein weiteres Wunder ist, dass beide, so unterschiedlich sie auch sein mögen, nicht schon lange das Handtuch geschmissen haben.

Und dann gibt es da noch einen weiteren großen Player. Das ist *Sir Richard Branson* mit *Virgin Galactic*. Er absolvierte als *ERSTER* die Flüge im Rahmen einer Ausschreibung von *X-Prize*, zwei Flüge über 100 km Höhe. Im Jahre 2019 hat er nach der amerikanischen Höhe auch die ersten Passagiere über diese Höhe gebracht.

Also beide Piloten erhielten nach der Landung ihre Flügel so wie oben beschrieben. Es waren aber nicht die weltweit üblichen 100 km. *Beth Moses* gehört ebenfalls dazu. Sie ist bei Virgin Galactic unter anderem zuständig für die Betreuung der *Future Astronauten*.

Und auch hier eine wichtige Zahl. Man schätzt hier, dass auch mindestens schon über *4000 Personen* ein Ticket für den Flug erworben haben.

Meine persönliche Einschätzung ist aber, dass die Flüge regelmäßig noch nicht so schnell stattfinden werden. Zum einen, weil in der Vergangenheit es immer und immer wieder, also fast jedes Jahr angekündigt war, aber nie geschehen ist. Und weil Virgin Galactic, eben nur die 80 km erreicht hat. Die Vermarktung dessen dürfte schwierig sein.

Auch weil die kommerziellen Passagiere, dann nur 80 km Höhe erreicht hätten. Und die weltweite Anerkennung liegt nun einmal bei 100 km. Bei der Summe, die aufgerufen wird, sollte vielleicht auch der Rest von 20 km drin sein.

Dazu möchte ich aber sagen, wenn das gesamte Paket anders verkauft werden würde, dann wäre ich als kommerzieller Passagier auch damit sehr zufrieden. Denn immerhin dieser Ausblick auf die Erde, würde ich schon gerne mitnehmen und ich bin schwerelos, auch wenn es nur ein paar Minuten sind. Aber das gesamte Paket macht bestimmt extrem viel Spaß.

Es gibt noch viele weitere Unternehmen in dem Space Business und es werden wahrscheinlich auch in ein paar Jahren noch weitere Player auftauchen. Das ist gut so. Aber ihr habt jetzt ein wenig Übersicht, was das Gesamte so anbelangt. Am Ende des Buches habe ich im Quellenverzeichnis noch einige Links mehr eingefügt. Dadurch kann sich der eine oder andere noch mehr Übersicht verschaffen.

Wie wird man denn eigentlich Astronaut?

Das ist ja die Frage des Buches: Bist du bereit bzw. kannst du auch wirklich Astronaut? Oder was musst du noch lernen? Was kommt da alles auf dich zu?

Hier müssen erst einmal unterscheiden, dass mehrere Arten von Astronauten gibt. Wie schon gelesen im Kapitel davor, musst du erst einmal eine bestimmte Höhe erreichen ehe du dich Astronaut nennen darfst. Und dann gibt es immer noch Unterschiede.

Astronaut
Sind alle die Personen die bereits schon einmal im Weltraum gewesen sind. Derzeit sind offiziell und insgesamt 566 Personen im Weltraum gewesen. Es gibt noch zehn weitere, diese fallen aber mehr unter dem Bereich: Future Astronauten, weil die teilweise erst gar nicht geflogen sind.

Science Astronaut
Der einfachste Weg zum Beispiel ist ein Science Astronaut. Das wirst du schon, wenn du ein Experiment betreust, dass bereits erfolgreich in den suborbitalen Raum „geflogen" ist, oder über Trägerraketen bestimmte Höhen erreicht hat.

Future Astronaut bist du schon an dem Tag, wo du für dich selber beschließt, dass du mal ins Weltall fliegen wirst. So wie bei mir. Ich will da rauf und hoffe, dass ich auch alle Vorraussetzungen dafür erfülle. Manche nennen die eigentlichen Weltraumtouristen, gerne auch **Space Flyers.**

Schauen wir uns zuerst einmal an, welche Vorraussetzungen man erfüllen muss, wenn man sich zum Beispiel der ESA , also der Europäischen Raumfahrt Agentur, bewirbt. Zur Zeit ist allerdings keine Möglichkeit sich zu bewerben, weil es keine Ausschreibung mehr gibt. Die letzte Ausschreibung fand 2008 statt.

Folgende Kriterien findet man auch noch ausführlicher auf den Seiten der ESA - direkt hier: *https://www.esa.int/Space_in_Member_States/Germany/FAQ_ESA-Astronauten_-_Ausbildung_und_Aufgaben*

Die Bewerber müssen einen Hochschulabschluss (oder Gleichwertiges) in einem naturwissenschaftlichen Fach (Physik, Biologie, Chemie, Mathematik), einer Ingenieurwissenschaft oder in der Medizin sowie vorzugsweise mindestens drei Jahre einschlägige Berufserfahrung oder Flugerfahrung als Pilot vorweisen.

Naturgemäß sollten die Kandidaten gute Kenntnisse in mindestens einer der wissenschaftlichen Disziplinen haben.

Das Studium der Luft- und Raumfahrttechnik ist ein großer Vorteil, aber keine Voraussetzung. Wichtig: Was sie auch studiert haben, sie sollten vor allem gut in ihrem Fach sein.

Die Bewerber müssen Englisch in Wort und Schrift beherrschen und die Kenntnis einer weiteren Fremdsprache ist von Vorteil. Russischkenntnisse sind von Vorteil, aber keine Voraussetzung. Da Russisch die zweite offizielle Sprache an Bord der ISS ist, erhalten sie während der Astronautenschulung Russischunterricht.

Ein ESA-Astronaut muss zahlreiche Kenntnisse, Fähigkeiten und Eigenschaften mitbringen. Eine wichtige Komponente bei der Suche nach Personen mit den richtigen Voraussetzungen ist eine Beurteilung des Gesundheitszustands der Bewerber aus medizinischer und psychologischer Sicht.

Im Allgemeinen gelten normale medizinische und psychologische Gesundheitsstandards. Diese Standards wurden aus der evidenzbasierten Medizin entwickelt und in klinischen Studien überprüft. Bewerber müssen eine Gesundheitsprüfung nach JAR-FCL 3, Klasse 2, bestehen, die von einem durch die nationale flugmedizinische Behörde zugelassenen Fliegerarzt (AME) durchzuführen ist.

Folgende Kriterien müssen erfüllt werden:
• Bewerber dürfen keinerlei Krankheiten aufweisen.
• Keine Drogen-, Alkohol- oder Tabakabhängigkeit aufweisen.
• In allen Gelenken muss eine uneingeschränkte Beweglichkeit und eine normale Funktionsfähigkeit aufweisen.
• Auf beiden Augen 100 % (20/20) Sehstärke erreichen, unkorrigiert oder durch Korrektur mit Brille oder Kontaktlinsen.
• Keinerlei psychische Störungen haben.

Darüber hinaus müssen Bewerber die für ein effizientes Arbeiten in einem Umfeld mit hohen intellektuellen und sozialen Anforderungen erforderlichen kognitiven, mentalen und charakterlichen Fähigkeiten mitbringen.

Wichtig ist, dass sie gesund sind und eine ihrem Alter angemessene körperliche Kondition haben. Die ESA sucht keine besonders durchtrainierten Personen oder Spitzensportler - eine übermäßig stark entwickelte Muskulatur kann für Astronauten in der Schwerelosigkeit sogar von Nachteil sein.

Es gibt keine Empfehlung für eine spezielle Sportart. Körperliche Betätigung im Allgemeinen ist der Gesundheit zuträglich.

Im Rahmen der medizinischen Auswahl werden die Bewerber zahlreichen Tests aus vielen Bereichen unterzogen. Teilweise sind die Tests, wie etwa Ergometer- oder Laufbandübungen, körperlich anstrengend.

Einige Tests sind invasiv, bei anderen handelt es sich lediglich um die Beantwortung eines Fragenkatalogs. Eine gezielte Vorbereitung auf die medizinischen Untersuchungen ist nicht möglich.

Wenn für eine Untersuchung besondere Vorbereitungen erforderlich ist, wie etwa Fasten vor einer Blutentnahme, werden die Bewerber entsprechend angewiesen.

Aus rein körperlicher Sicht ist es für Frauen nicht schwieriger. Abgesehen von geschlechtsspezifischen medizinischen Untersuchungen sind die medizinischen und psychologischen Anforderungen für Männer und Frauen identisch.

Die körperliche Kondition und der Zustand des Herz-Kreislauf-Systems werden stets individuell beurteilt und die Fitness-Zielwerte werden an die physiologischen Unterschiede zwischen

Mann und Frau angepasst. Eine Frau muss also nicht die männlichen Normwerte erreichen, und ebenso wenig umgekehrt.

Das belegt auch die Tatsache, dass zum Beispiel in der USA schon einige Frauen mitgeflogen sind. Und derzeit auch Christina Koch aus den USA die den Rekord hält, also Platz 3 insgesamt. (Was den längsten Aufenthalt anbelangt, im Weltraum).

Aus Russland kam sogar die erste Frau im Weltall, Walentina Tereschkowa. Den Amerikanern gelang dies erst 20 Jahre später.

Eine deutsche Frau war noch nie im All. Das könnte sich aber ändern, durch die private Initiative **Die Astronautin GMBH.** Hier versucht federführend Claudia Kessler die erste deutsche Frau auf die ISS zu bringen, mit rein privaten Mitteln. https://www.dieastronautin.de/

Gesundheitscheck und No go:
Tatsächlich ist Fehlsichtigkeit aber der häufigste Grund, aus dem Bewerber abgelehnt werden. Zu den Haupttests gehören die Prüfung der Sehschärfe, des Farbsehens und des räumlichen Sehens. Das Tragen einer Brille oder von Kontaktlinsen ist nicht per se ein Ablehnungsgrund. Es muss allerdings beurteilt werden, ob zum Beispiel ein bekanntermaßen schnell fortschreitender Sehfehler vorliegt. Dies könnte zum Ausschluss führen.

Kleinere Sehfehler, selbst wenn sie durch Brillen oder Kontaktlinsen korrigiert werden müssen, sind unter Umständen mit den Tätigkeiten im Weltraum vereinbar. Inzwischen kann die Sehschärfe häufig anhand verschiedener chirurgischer Eingriffe korrigiert werden. Einige dieser Verfahren führen zum Ausschluss, andere sind akzeptabel. Jeder Fall wird individuell beurteilt.

Zu den allgemeinen Eigenschaften, die von den Bewerbern erwartet werden, gehören unter anderem ein gutes Urteilsvermögen, die Fähigkeit, unter belastenden Bedingungen zu arbeiten, ein gutes Gedächtnis, Konzentrationsvermögen, räumliches Orientierungsvermögen, psychomotorische Koordination und manuelle Geschicklichkeit .

Charakterlich sollten sich die Bewerber durch hohe Motivation, Flexibilität, Teamfähigkeit, geringe Aggressivität und emotionale Stabilität auszeichnen. Bevorzugt werden Bewerber zwischen 27 und 37 Jahren.

Europäische Astronauten nehmen an Langzeitmissionen zur ISS teil. Sie führen dort Experimente durch und bedienen die Systeme der Station. Sie montieren, aktivieren und überprüfen neue Stationsbauteile, führen wissenschaftliche Forschungsaufgaben durch und fungieren für biowissenschaftliche Experimente sogar als Versuchspersonen.

Astronauten leisten technische Unterstützung für Raumfahrtprogramme, erweitern ihre Qualifikationen und leisten immer wieder Öffentlichkeitsarbeit. Dabei erklären sie die Bedeutung der Weltraumforschung im Allgemeinen und der bemannten Raumfahrt im Besonderen.

Die Ausbildung zum Astronauten erfolgt in drei Phasen: Grundausbildung, Aufbauausbildung und missionsspezifische Ausbildung. Astronauten verbringen die Hälfte ihrer Karriere in der Ausbildung. Direkt nach der Auswahl absolvieren die Kandidaten im europäischen Astronautenzentrum eine 1-jährige Grundausbildung.Die Ausbildung vermittelt zunächst Informationen über die ESA und andere Raumfahrtbehörden sowie die wichtigsten Weltraumprogramme.

Danach stehen Grundkenntnisse in Raumfahrttechnik, Elektrotechnik und verschiedenen wissenschaftlichen Fachrichtungen auf dem Ausbildungsprogramm.

In einem dritten Ausbildungsblock werden die zentralen Systeme der diversen Raumstationen und der Transportsysteme behandelt.

Zum Abschluss der Grundausbildung erwerben die Kandidaten Kenntnisse in speziellen Bereichen. Sie absolvieren ein Tauchtraining (als Grundlage der Ausbildung für Außenbordeinsätze) und erhalten Russischunterricht, befassen sich mit Robotertechnik, Rendezvous- und Andockmanövern und absolvieren ein Verhaltens- und Leistungstraining.

Die Aufbauausbildung dauert ebenfalls ein Jahr und vermittelt den Astronauten aus allen Partnerländern umfassende Kenntnisse und Fähigkeiten in Betrieb und Wartung von unter anderem ISS-Modulen, Systemen, Nutzlasten und Transportraumschiffen. Die Ausbildungsinhalte sind jetzt detaillierter, aber immer noch allgemeiner Art und konzentrieren sich auf die Fähigkeiten, die zukünftige Besatzungsmitglieder bei praktisch jedem Flug zur ISS benötigen.

In bestimmten Bereichen werden speziellere Inhalte vermittelt. Dies gilt für den Umgang mit Ressourcen und Daten, Robotertechnik, Navigation, Wartung, Innen- und Außenbordeinsätze, medizinisches Wissen und Wissen über Nutzlasten.

Das ändert sich wahrscheinlich, denn so heißt es, dass es eine neue Ausschreibung noch Ende 2020 geben könnte. Dann würde sich das Verfahren, wie hier beschrieben, enorm erweitert werden. Neue Lunar Raumstation. Mondbasis, Mars und so weiter.

Bei Langzeitmissionen kümmert sich ein Arzt (ein Doktor der Medizin) vor, während und nach dem Flug um jeden einzelnen Astronauten. Astronaut und Arzt stehen häufig in Kontakt, besprechen gesundheitliche Aspekte und führen medizinische Tests durch, während sich der Astronaut im All befindet.

Im Allgemeinen befindet sich kein Arzt an Bord, aber zwei Astronauten („Crew Medical Officers", CMOs) pro Mission sind darin geschult, medizinische Hilfe zu leisten. Ihre medizinischen Eingriffsmöglichkeiten sind mit denjenigen eines Sanitäters auf der Erde vergleichbar. An Bord gibt es ein spezielles Buch, die so genannte „medizinische Checkliste", die Laien bei der Diagnose und der Behandlung kranker oder verletzter Besatzungsmitglieder hilft.

Astronauten und CMOs werden von Ärzten (Fliegerärzten) am Boden unterstützt. Sie helfen bei klinischen Entscheidungen und leiten die CMOs durch die Checkliste.

Der Besatzung stehen mehrere Medikamententaschen mit Aspirin oder anderen milden Arzneimitteln und ein Notfallkoffer zur Verfügung. Schmerzmittel, Anästhetika, Medikamente für die Zahnbehandlung, Verbandsmaterial, Stethoskop, Defibrillator und andere komplexere Instrumente und Arzneimittel zur Lebenserhaltung sind im Notfallkoffer enthalten.

In einer „privaten Sprechstunde" (Private Medical Conference) kann der Fliegerarzt einmal am Tag über einen sicheren Kanal 15 Minuten lang mit jedem Astronauten sprechen, um potenzielle Gesundheitsprobleme zu erörtern.

Ein Langzeitaufenthalt im Weltraum kann viele physische Folgen haben. Dazu gehören eine Verringerung der Masse und Stärke von Muskeln und Knochen, Haltungs- und Bewegungsprobleme sowie ein bedeutender Rückgang des Blutvolumens, was das Herz-Kreislauf-System beeinträchtigt. Diese negativen Auswirkungen sind jedoch nicht von Dauer. Der medizinische Dienst der ESA unterstützt die Astronauten dabei, Gesundheitsprobleme zu mildern, und führt nach der Rückkehr auf die Erde Rehabilitationsmaßnahmen zur Wiederherstellung des normalen Gesundheitszustands durch.

Je nach individuellen Gegebenheiten und der Intensität des körperlichen Trainings verlieren Astronauten im Weltraum pro Monat rund 1 % ihrer Knochenmasse. Wie lange es nach der Mission dauert, die normale Knochenmasse wieder aufzubauen, hängt wiederum von der Dauer des Flugs ab.

Nach einer Langzeitmission von etwa 6 Monaten dauert es mindestens 6 Monate, bis die Knochenmasse vor dem Flug wieder erreicht ist. Auch das körperliche Training spielt eine Rolle: Sportliche Betätigung während einer Mission fördert die Wiederherstellung.

Jeder Tag im All (abgesehen von den Ruhetagen) wird von der Missionskontrolle sorgfältig geplant. Der 12 Stunden lange Arbeitstag auf der ISS beginnt mit einem Weckruf. Nach einer schnellen „Wäsche" mit einem feuchten Reinigungstuch frühstückt die Besatzung und bespricht mit der Missionskontrolle die Aufgaben für den Tag. Raumstationen sind wie große, komplizierte Gebäude, die ständige Pflege und Aufmerksamkeit erfordern.

Sehr viel Zeit wird daher auf Routineaufgaben wie Reinigungs- und Reparaturarbeiten verwendet.

Mit Frühstück, Mittagessen und Abendessen gibt es drei feste Mahlzeiten. Getränke und Zwischenmahlzeiten stehen der Besatzung jederzeit zur Verfügung.

Die Besatzung verbringt auch sehr viel Zeit mit der Vorbereitung und Durchführung von wissenschaftlichen Experimenten. Dies erfordert zum Teil den direkten Austausch mit Wissenschaftlern auf der Erde.

Mindestens zwei Stunden täglich sind für das körperliche Training vorgesehen. Das ist für die Gesundheit und Fitness der Besatzungsmitglieder von größter Bedeutung.

Auch das Beladen des Raumtransporters mit Abfällen und das Ausladen des neu eingetroffenen Nachschubs stellt eine wichtige Aufgabe dar. Wenn Weltraumspaziergänge anstehen, müssen diese über viele Stunden vorbereitet werden.

Ein Großteil ihrer Nahrung muss speziell aufbereitet werden, damit man sie in der Schwerelosigkeit zu sich nehmen kann. Das am häufigsten verwendete Verfahren ist die Gefriertrocknung. Die Astronauten rehydrieren die Lebensmittel einfach, indem sie sie in den Mund nehmen oder Wasser hinzufügen.

Die Toilette ist für Männer und Frauen entworfen. Ein Anschnallgurt und Fußhalterungen halten den Astronauten auf dem Sitz und Hochgeschwindigkeits-Luftströme saugen die Ausscheidungen in die entsprechenden Behälter. Der Urin wird mit anderem Abwasser vermischt. Die Fäkalien werden vakuumgetrocknet, zur Entfernung von Geruch und Bakterien chemisch behandelt und anschließend eingelagert.

Astronauten duschen im Weltraum überhaupt nicht. Da die ISS nur in eingeschränktem Maß von der Erde aus versorgt werden kann, muss sie so effizient wie möglich bewirtschaftet werden. Wasser ist eine der wertvollsten Ressourcen an Bord. Duschen sind in der Schwerelosigkeit ohnehin unpraktisch, da das Wasser richtungslos im Raum schwebt. Stattdessen verwenden Astronauten Feuchttücher.

Aufgrund der Schwerelosigkeit können sich die Astronauten nicht „auf" ein Bett legen. Damit sie nicht durch den Raum schweben, schlafen sie in ihren Kojen in festgeschnallten Schlafsäcken. Astronauten können aufrecht, kopfüber oder sogar frei in der Luft schwebend schlafen.

Es gibt keine Spezialkleidung. Astronauten tragen normale Kleidung wie etwa T-Shirts. Auf der ISS befindet sich keine Waschmaschine und es ist schwierig, genug Kleidung wie Unterwäsche oder Socken einzupacken, da jedes Kilogramm, das ins All befördert wird, extrem teuer ist.

Folglich können sie ihre Kleidung nicht täglich wechseln: Unterwäsche wird alle zwei bis drei Tage gewechselt. Im Durchschnitt erhalten ISS-Besatzungsmitglieder eine kurze Hose und ein T-Shirt für je drei Tage ihres sportlichen Trainingsprogramms. Ihre Arbeitshemden und -hosen werden durchschnittlich alle 10 Tage

gewechselt. Normalerweise erhalten sie ebenfalls alle zehn Tage ein neues T-Shirt, das unter dem Arbeitshemd getragen werden kann.

Ihr seht also der Aufwand ist enorm und die ESA klärt sehr gut auf. Soweit es mir bekannt ist, hatten sich beim letzten mehr als 8000 Menschen beworben. Ich finde das sehr wenig . Unter ihnen waren damals die aktuellen Astronauten aus Deutschland: Alexander Geerst und Matthias Maurer . Dazu kommen noch die ESA Astronauten aus anderen Länder wie: Samantha Cristoforetti, und Luca Parmitano aus Italien. Dann noch Andreas Mogensen, aus Dänemark.Timothy Peake, aus Großbritannien. Thomas Pesquet, aus Frankreich.

Bei der privaten Initiative *Die Astronautin GMBH*, bewarben sich 400 Frauen. Aus diesen 400 wurden letztendlich 10 und daraus wiederum 2. Diese beiden dürfen jetzt jede Menge Trainings absolvieren.

Und ein weiblicher Future Astronaut bleibt dann übrig um dann vielleicht 2021 ihren Flug zur ISS auch zu machen. Das wird schwierig genug, die Gelder zusammen bekommen. Aus nicht offiziellen Kreisen heißt es, man benötige insgesamt fast 50 Millionen € um das auch zu bewerkstelligen.

Das ganze könnte sogar funktionieren, wenn die Bundesregierung sich hier mehr beteiligen würde. Und ein weiterer wichtiger Schritt ist der Flug an sich.

ASTRONAUT ? KANN ICH !

Vielleicht ergibt sich auch hier noch ein Weg, dass SpaceX oder Blue Origin hier einspringen und das, wie ich finde äußerst wichtige Projekt, zu unterstützen.

Schauen wir uns jetzt doch einmal an, was es braucht um ein Astronaut nach den Möglichkeiten der kommerziellen Firmen zu werden. Heißt, was musst du alles mitbringen, um letztendlich mit den privaten Unternehmen zum Beispiel einen suborbitalen Flug zu absolvieren.

Hier ist jeder jetzt selber gefragt. Klingt ein bisschen komisch, ist aber letztendlich wirklich so.

Medizinisch gesehen wird es wohl eine Untersuchung geben. Es ist aber hier leider noch nicht wirklich eine korrekte oder wirklich Richtlinie herausgebracht worden. Man darf sich das aber bestimmt so ähnlich vorstellen, wie bei einem Piloten.

Im Rahmen unserer Zusammenarbeit mit der damaligen XCOR, können wir euch hier zeigen, wie das aussehen könnte. Es ist eben so, dass die FAA keine ganz konkrete Aufgaben verteilt hat. Noch nicht, würde ich mal behaupten.

Please check each item *(enter "NE" if not evaluated).*
If any item is checked "Abnormal", please specify below in "NOTES".

1. Head, face, neck (incl. thyroid)	Normal / Abnormal / NE
2. Nose (patency)	Normal / Abnormal / NE
3. Sinuses	Normal / Abnormal / NE
4. Mouth, throat, teeth	Normal / Abnormal / NE
5. Eardrums (incl. motility)	Normal / Abnormal / NE
6. Eyes and ocular motility (nystagmus)	Normal / Abnormal / NE
7. Lungs, chest	Normal / Abnormal / NE
8. Heart (thrust, size, rhythm, sounds)	Normal / Abnormal / NE
9. Vascular system (patency, varicosities, etc)	Normal / Abnormal / NE
10. Abdomen, hernia, liver, spleen	Normal / Abnormal / NE
11. Anus, rectum (prolaps, haemorrhoids)	Normal / Abnormal / NE
12. Genito-urinary system (varicocele, herniae)	Normal / Abnormal / NE
13. Skin, lymphatics (incl. identifying marks)	Normal / Abnormal / NE
14. Upper & Lower Limbs, joints (motility)	Normal / Abnormal / NE
15. Spine	Normal / Abnormal / NE
16. Neurologic (incl. reflexes)	Normal / Abnormal / NE
17. Psychiatric (incl. claustrophobia, anxiety disorders)	Normal / Abnormal / NE
18. General systemic	Normal / Abnormal / NE

Do you suffer or have you suffered any:	
Allergy	YES / NO
Vestibular disease	YES / NO
Severe psychological problem or psychiatric disorder (incl. panic disorder and claustrophobia)	YES / NO
Suicidal tendencies	YES / NO
Diabetes mellitus	YES / NO
Anaemia or other blood disorders	YES / NO
Kidney disease (incl. stones)	YES / NO
Gallstones or gallbladder disease	YES / NO
Malignant disease	YES / NO
Decompression syndrome (DCS)	YES / NO

Do you suffer or have you suffered any:

Respiratory disease	YES / NO
If so, diagnosis	
Shortness of breath	YES / NO
Hay fever, asthma, COPD, bronchitis	YES / NO
Nasal or sinus obstruction / complaints	YES / NO
Ear complaints during flight or diving	YES / NO
Pulmonary Hypertension	YES / NO
Tuberculosis	YES / NO
Pneumothorax	YES / NO

Do you suffer or have you suffered any:

Cardiovascular disease	YES / NO
If so, diagnosis	
Hypertension	YES / NO
Chest pain	YES / NO
Disturbance of cardiac rhythm (incl. palpitations or irregularity)	YES / NO
If yes, do you have an implanted pacemaker or defibrillator (ICD)? Y / N	
Heart murmur, valvular disease or congenital defect	YES / NO

Do you suffer or have you suffered any:

Diseases of brain, spine or nervous system	YES / NO
If so, diagnosis	
Brain injury	YES / NO
Skull injury or skull fracture	YES / NO
Concussion	YES / NO
Unconsciousness	YES / NO
Seizures (epilepsy)	YES / NO
Fainting spells of any other loss of consciousness	YES / NO
Dizziness or vertigo	YES / NO
Cerebral haemorrhage or infarction (incl. TIA or CVA	YES / NO
Encephalitis or meningitis	YES / NO
Paralysis or paresis	YES / NO

Are you healthy?	YES / NO

Do you feel fit? (1 km walk, 1 flight of stairs, mountain hiking)? YES / NO

Have you been ill in the past week (incl. fever, 'flu', diarrhoea)? YES / NO

Have you been ill the last year? YES / NO
If yes, which illnesses?

....

Have you received treatment by a physiotherapist or doctor in the past 3 YES / NO
years?
If yes, for which complaint / disease?

....

Are you currently receiving any medical treatment? YES / NO
If yes, for which complaint / disease?

....

Have you ever been admitted to a hospital or medical institution? YES / NO
If yes, for which complaint / disease?

....

Did you ever have surgery? YES / NO
If so, which operation(s):

....year:......................

....year:......................

Do you use any medication? YES / NO
If so, which:

....

....

....

Do you hold a current (class 1 or 2) aeromedical or dive medical certificate? YES / NO
If so, which certificate

...................................Valid until..................

Have you ever been rejected for any life or health insurance? YES / NO
If so, why:

....

Are you currently pregnant or have you been pregnant in the past 2 months? YES / NO
If so, date of last menstrual period:

....

ASTRONAUT ? KANN ICH !

Man muss hier immer auch berücksichtigen, es ist eine Flug-sicherheitsbehörde und noch keine Raumfahrtbehörde, für den kommerziellen oder für den privaten Bereich.

Das ist im Übrigen ein ganz wichtiger Status der später noch eine Rolle spielen wird. Denn man kann nichts zertifizieren lassen, was es offiziell nicht gibt.

Die hier aufgezeigten Möglichkeiten, sicher aber nicht die Mög-lichkeit auch von anderen Testate oder Untersuchungen. Neben den medizinischen Untersuchungen, gibt es keinerlei wirklichen Anforderungen oder Bestimmungen, was du als Persönlichkeit , als Mensch mitbringen musst, damit du einen suborbitalen kom-merziellen Raumflug machen kannst oder darfst.

Das wird sicher aber bestimmt ändern, sobald unser Draft Paper in welcher Art und Weise auch immer zertifiziert worden ist. Denn dann ist auch bestimmt die FAA auch schon eine Raumfahrtbe-hörde geworden. Wahrscheinlich auch dann die allererste.

Wir haben einen Test entwickelt, der bei den Future Astronauten Stress ermitteln kann. Stress stellt aus unserer Sicht die wichtigste emotionale Reaktion dar. Und sie ist für soviel anderes noch ver-antwortlich.

Wenn wir dich also im Rahmen des Space Coachings® so Stress-frei wie möglich bekommen können, wirst du aus unserer Sicht auch einen extrem angenehmen Flug haben. Folglich auch ein unbeschreibliches Erlebnis.

Stressresistenz ist also von Vorteil. Angst oder Panikattacken sind eher nicht von Vorteil. Du wirst ein extremes ungewohntes Erlebnis erfahren. Daher trainieren wir mit dir, die Bewältigung von extremen Lebenssituationen. Dabei wissen wir nie, was du persönlich als „Extrem" bezeichnen wirst. Da ist jeder Mensch eben anders, auch im Bereich der Geschlechter.

In unseren Testaten achten wir außerdem auf Folgendes: Du musst einen ausgeglichenen emotionalen Haushalt besitzen. Das bedeutet, du musst deine Emotionen nicht nur kennen, sondern auch leben können. Das klingt jetzt recht abenteuerlich, aber du magst im Regelfall deine normalen , deine tollen Emotionen kennen und auch leben können. Aber wie sieht es mit Emotionen aus wie Angst, Ekel, Scham, Frust, Trauer und so weiter? Die meisten Menschen wollen damit nichts zu tun haben oder verdrängen diese gerne.

Wir bringen dir bei, einen ausgeglichenen emotionalen Haushalt zu genießen und bewusst auch wahr zu nehmen.

Das ist deshalb sehr wichtig, da der Mensch an sich alles was er erlebt, nur dann auch abspeichert, wenn er das Erlebte mit einer Emotion koppelt. Und schon erinnern wir uns immer und immer wieder daran. Das hat natürlich fantastische Vorteile und Möglichkeiten, aber eben auch Nachteile.

Bei negativen Erlebnissen aus deiner Vergangenheit bedeutet dies, dass du sogenannte Glaubenssätze entwickelt hast, die dir jetzt für deine Mission "suborbitaler Raumflug" massiv im Weg stehen werden. Das bedeutet, wir achten drauf, dass dir eben keine wie auch immer gearteten Glaubenssätze im Weg stehen werden.

Wir trainieren mit dir, deine generellen mentalen Fähigkeiten. So ähnlich darfst du dir vorstellen, als wenn du ein Bobfahrer bei einer Olympiade wärest. Wir entwickeln deine mentalen Fähigkeiten mit dir oder bauen deine vorhandenen schon aus. Du wirst in einer Art von TranceInduktionen und Sitzungen durch sämtlich möglichen Szenarien laufen und diese mit all deinen 5 Sinnesfähigkeiten erleben können. Wir versuchen dich zu Desensibilisieren mit allen möglichen Stoffe, auf die du mit Stress reagierst.

Das klingt jetzt nach gar nicht soviel? Das stimmt. Ich habe ja auch nicht gesagt, dass es schwierig oder gar unmöglich ist. Ich sage nur, man muss aber auch gemacht haben, damit eben ALLE auch ihr Sicherheitsbedürfnisse abdecken können. Das heißt, du fliegst schließlich nicht alleine, sondern in der Regel mit anderen, dir fremden Personen.

Im Buch erfährst du ja noch mehr darüber was es alles so gibt, bzw. was so alles passieren könnte und worauf man sich vorbereiten sollte, wenn nicht sogar muss.Ansonsten musst du um in dem Bereich: Astronaut werden zu können, nur noch deinen Flug bei einem der diversen Anbieter bezahlen. Mehr nicht.

Ok, du kannst natürlich auch noch die internen Trainingsmöglichkeiten nutzen. Das bedeutet, jene, die die Firmen anbieten. Da wird aber ein großes Geheimnis draus gemacht. Teilweise wird das Ganze auch noch von Bekleidungsfirmen oder Autoherstellern unterstützt oder gesponsert. Und hat dann natürlich auch damit was zu tun.

Hier gab es in der Vergangenheit auch immer wieder mal Aktionen, zum Beispiel wurden von einem Deodorantheresteller weltweit 21 Future Astronauten gesucht, zusammen mit der von mit schon angesprochenen SX , späteren XCOR-Aerospace. Das hatte aber mehr den Charakter eines Abenteuerurlaubes und nicht mehr.

Das heißt, man hat so Dinge durchgeführt, wie Wüstenläufe oder Rafting oder Canyoning oder Hausfassaden runterklettern und dann auch Klassiker wie Zero-Flight Flüge oder Zentrifugenfahrten, sowie Tauchgänge in Spezialanzüge.

Letzter bieten wir auch an bzw. vermitteln diese. Future Astronauten wollen und sollten diese Art von Training auf alle Fälle besuchen. Es handelt sich dabei aber nicht um ein Muss oder gar eine Verpflichtung. Aber zeigt sehr schön live auf, wo deine möglichen Grenzen stecken könnten.

Und die kannst du mit Hilfe und Unterstützung von uns, den Space Coaches® auch dann in Zukunft, bei der Wiederholung der Trainings anders, vielleicht sogar besser bewältigen.

Die wichtigsten oder interessantesten Trainings hier sind: Zero Flight also Parabelflüge, F-14 Flüge, Zentrifuge, Desdemona Simulator, VR -Simulationsprogramme, Space Curl - Astronauten Trainer, Trampolin springen, Indoor Sky Diving , Tauchen in speziellen Anzügen und Zentren und bestimmt noch einige andere.

Unsere Trainings dienen dazu dich auf deinen Status vorbereiten. Dein Status als Astronaut.

Wieso willst du Astronaut werden?

Die Frage kannst du dir vielleicht selber am Besten beantworten. Wieso willst du denn nun Astronaut werden? Was reizt dich daran so?

Die meisten sind einfach von zu Hause aus schon im Weltraumfieber oder SiFi Fans oder leben es gar in diversen Rollenspielen. Du musst also schon etwas Begeisterung für das Metier mitbringen. Das wäre schon mal ganz nützlich für dich selbst.

Es viele Motivatoren, wieso Menschen unbedingt Astronaut sein wollen.

Einige haben uns gesagt, sie hoffen dann ihrem Gott näher zu kommen. Astronauten die bereits auf der ISS waren, haben mir darauf geantwortet: Das es schon sein kann, dass man seinem Gott jetzt näher sei. Also zumindest kilometertechnisch. Wo immer allerdings auch Gott sein mag.

Für viele ist es auch einfach nur ein Abenteuer. Grenzen austesten oder erfahren. Vielleicht sogar nur eine Reise, weil man den notwendigen Geldbeutel besitzt.

Ein Pionier zu sein, ist wieder sehr angesagt. Ein Pionier ist ja bekanntlich wie früher im Wilden Westen. Man hat ein Ziel vor den Augen. Hat aber wenig Ahnung, wie man das Ziel erreicht. Reitet oder geht einfach mal los und schaut was passiert. Am Ende kommt man dann ans Ziel und sucht sich gleich das nächste Abenteuer. Allerdings gibt es auch die Variante, dass man das Abenteuer nicht überlebt. Aber darüber macht sich der waschechte Pionier meistens keinerlei Gedanken. Er macht solange mit, wie das Abenteuer eben geht.

Neugier ist ganz bestimmt ein wichtiger Grund, wieso Menschen überhaupt dabei sein wollen.

So manch einer hat sich das auch auf seine berühmte Löffelliste - auch als Bucket List bekannt - gesetzt. Also die Liste, die man gerne abgearbeitet hätte, bevor man den Löffel abgeben muss.

Manche haben uns auch gefragt: Kann man nicht auch Menschen hochschicken, die nicht mehr wieder kommen sollen? Tja, das haben wir leider nicht in der Hand. Wie schon erwähnt, wir bauen die Teile nicht und wir entscheiden daher auch nicht, wer mitfliegen kann, darf oder müsste. Wir entscheiden nur, ob jemand geeignet ist, aus der MentalPsychoCoachologischen Sicht.

Sich darüber bewusst zu werden, kann nur von Vorteil sein. Aus unsere Sichtweise, also der Space Coach Academy® hat jeder der echten Astronauten, also die , die schon einmal im Weltraum waren, sehr gute Kenntnisse über seine eigene Identität. Daher folgendes: Wenn du weißt, wer du wirklich bist, dann weißt du auch was du damit anfangen kannst.

Aufgrund einer Wette sollte man vielleicht nicht gerade versuchen Astronaut werden zu wollen. Das würde wie ein Bumerang Effekt auffallen und damit wahrscheinlich zum Ausschluss führen.

Egal wieviel Geld man auch besitzen würde. Das gilt im Übrigen auch für die Personengruppe, die glaubt sich alles leisten zu können, ohne Verantwortung zu übernehmen. Die Gruppe von Menschen die glaubt zu mein Auto, mein Pferd, meine Frau gehört auch noch meine Weltraumreise.

Das wird am Ende des Tages nicht reichen, außer diese Person ändert sich und macht einen Sinneswandel durch. Das ist nicht einmal so selten.

Demut ist hier das Zauberwort, dass meistens die echten Astronauten ergreift, nachdem Sie wieder festen Boden unter den Füßen haben.

Egal was auch sein mag, was dich motiviert unbedingt dabei sein zu wollen: Mache dir echt, wirklich Gedanken. Dann schreibe es dir auf und wenn du zum Stress-Test zu uns kommst, dann bringe das alles mit, was du aufgeschrieben hast. Deine Gedanken helfen uns sehr, dich MentalPsyche© auf alles vorzubereiten.

Emotionen - Umgang

Emotionen bewegen alleine schon aufgrund des „*MOTIO*" in der Mitte. Der Mensch an sich arbeitet gerne mit seinen Emotionen, aber meistens nur mit denen, die ihm auch gefallen. Die ihm nicht schaden oder die nicht schmerzhaft sind. Und da wird es eben schon sehr eng.

Der Mensch besitzt eben alle Emotionen und nicht nur ein paar, die uns gefallen. Damit wir eben nicht nur funktionieren, benötigen wir einen ausgeglichenen Haushalt, was unsere Emotionen anbelangen. Das Leichteste ist, sich allen Emotionen zu stellen, zu erleben, zu spüren, zu fühlen – dadurch weiß der Mensch dann ganz genau, was los ist. Mit welcher Emotion auch immer. Das gilt auch für Gefühle. Der Mensch besitzt mehr Gefühle, wie Emotionen.

Der Unterschied zwischen Emotionen und Gefühlen ist ganz einfach. Ein Gefühl ist etwas sehr Akutes und zeitlich sehr begrenztes. Eine Emotion ist alt und taucht zeitlich immer und immer wieder auf. Doppelungen und mehrfach Verknüpfungen sind an der Tagesordnung. Emotionen sind Dinge, die immer wieder vorkommen und die immer auch mit einem bestimmten Erlebnis verbunden sein werden. Die Erlebnisse sind spiegelgleich und haben als Vermittler die immer gleiche Emotion.

Daher trainieren die Space Coaches® sehr intensiv mit den Future Astronauten jede Emotion. Die Wissenschaft weiß mittlerweile sehr gut, dass es für den Menschen wichtig ist, dass er alle seine

Emotionen nicht nur kennt, sondern auch lebt oder zumindest gelebt hat. Und, wenn es nur einmal ist oder war.

Was passiert? Das nennt man „Aurosal". Wenn ich mich zum Beispiel meiner Angst stelle und Angst mal leben, erleben will, möchte oder vielleicht sogar muss. Dann erlebe ich diese Angst, nur
verknüpft mit einem bestimmten Moment. Meistens eine Erinnerung, in der man Angst hat. Dieses wird nun verstärkt. Begleitet
natürlich mit einem Space Coach®. Der Mensch soll sich ja nicht
erschrecken, sondern er wird immer tiefer und tiefer in seine
Angst geführt.

Die Frage, die entsteht, ist ja auch ganz einfach: Wieso taucht hier
die Angst als Emotion auf? Was will diese Emotion mir sagen?
Sollten, wie leider meistens üblich auch noch körperliche Reak-
tionen auftauchen, dann ist die Frage: Wieso gerade diese Körper-
lichkeit und nicht eine andere?

Aus diesem systemischen Komplex gilt es dann für uns, als Space
Coaches® herauszufinden, welche Antworten denn da kommen.
Das hat hier ganz viel mit der Intuition zu tun. In erster Linie für
den Kunden, also den Future Astronaut. Es ist am Anfang unge-
wohnt, wenn man das zum ersten Male macht, aber es hilft und
befreit. Diese Befreiung ist das, wo es drauf hinausläuft.

Je mehr ich also jetzt mich einlassen kann und vertraue, mir selbst
und auch dem Space Coach®, der mit mir gerade diese Übung
macht, desto mehr Sicherheit bekomme ich was den Umgang mit
der eigenen Angst anbelangt. Das ist ein Ziel.

Wenn ich also jetzt weiß oder eine leichte Ahnung davon bekommen habe, was die Angst eigentlich von mir will, wenn sie in dieser bestimmten Situation entsteht, dann kann ich für die Zukunft gesehen, mich besser auf die Angst einstellen. Ich bin einfach besser vorbereitet. Sicherer.

Die Angst ist jetzt generell nicht mehr so mächtig. Es wird leichter werden. Der Angst wird die Angst genommen. Das „Aurosal" hat dann einen nicht mehr so hohen Anstieg und das schafft einfach mehr Ruhe in allem, was auch sonst noch kommen mag oder kann.

Das gilt natürlich auch für andere Emotionen wie Wut, Trauer, Ohnmacht, Frust, Scham, Ekel und so weiter.

Hier ein Auszug daraus mit welchen Emotionen/Gefühlen wir die Astronauten, Weltraumtouristen konfrontieren:

*Angst * Wut * Stress * Ärger * Frust * Ohnmacht * Ekel * Scham * Hass * Trauer * Neid * Missgunst * Konkurrenz * Freude * Leid * Furcht * Peinlich * Überraschung * Verachtung * Demut * Enttäuschung * Verlassen * Selbstliebe * Mitleid * Eifersucht * Lust * Erwartungen * Anspannung * Druck * Zug * Schmerz * Überforderung * Erschöpfung * Zugehörigkeit * Neugierde * Erfolg * Ausdauer * Spaß * Liebe * Aggression etc.

Die Unterscheidung zwischen *Emotion* und *Gefühl* ist für uns als Space Coaches® schon sehr wichtig, wenn es später noch in den Bereich von Belastungsstörungen oder Glaubenssatz Arbeiten geht. Wenn wir mit einem Gefühl arbeiten, dann ist die Wahrscheinlichkeit sehr groß, dass wir das weit, weit wegbekommen, wenn nicht sogar ganz weg.

Wieso?
Wie schon erwähnt ist das zeitlich hier entscheidend. Und die Verknüpfung hat meistens keine Mehrfachbelastung.

Bei einer Emotion schaffen wir es sehr gut, eine räumliche Distanz zu erzeugen. Das bedeutet, dass es vorher vielleicht sehr beengend war, bedrückend und vielleicht eine gefühlte Nähe von zehn cm.

Nachdem wir mit den Future Astronauten gearbeitet haben, ist die Emotion, die erdrückende oder bedrückende Emotion, jetzt vielleicht mehrere Meter weit schon von einem SELBST entfernt. Im besten Fall sogar auch hier ganz weit, weit weg. Von Löschen reden gerne andere, das möchte ich hier aber nicht.

Nun aber ein Beispiel für Future Astronauten.

Menschen, die über keinen *emotional ausgeglichenen Haushalt* verfügen, neigen dazu, in der Enge und unter Belastung/Druck in Panik zu verfallen. Als Beispiel möchte ich hier den Raumanzug nennen.

Auch Weinanfälle sind möglich. Manche sprechen gerne von einem menschlichen Wrack, wenn Menschen ihre Emotionen nicht in Einklang gebracht haben. Die Gefühle werden einfach zu viel. Vor lauter Freude macht der eine oder andere sogar unter sich. Das kann Urin aber auch Kot sein. Dadurch entsteht dann schon wieder ein unangenehmes Schamgefühl und mehr.

Hier arbeiten wir ganz massiv mit den Future Astronauten. Wie soll man auch einem erwachsenen Menschen klarmachen, dass er jetzt wieder lernen soll, zur Not eben in die Hose zu machen. Weil es eben anders nicht geht.

Panikattacken entstehen durch einen bestimmten Kreislauf, der immer und immer durch die Grundemotion, die der Angst entsteht.

Eine der nächsten Stufe wäre dann die Depression, die bekanntlich auch akut auftreten kann. Unterstützt durch den emotionalen Stress, Lampenfieber und sehr hohe, massive Nervosität.
Gerade hier wählen wir einen etwas ungewöhnlichen Weg, wir schauen nach den 5 Sinnen eines jeden Menschen. Umgang mit Gerüchen und Geschmack, ebenso wie man den Umgang lernt, mit Dunkelheit oder mit „Nichts-Hören-Können".

Durch diese Situation kann beim kommerziellen Raumfahrer ein emotionaler Stuck State entstehen. Was ein Stuck State ist? Das ist ein festgefahrener mentaler Zustand, der auch körperlich Spuren hinterlässt .Die Gefühle werden so stark werden, dass er in eine Schockstarre verfällt, er nicht mehr klar denken und reagieren kann und letztendlich auch in Ohnmacht fallen könnte. Man kennt das Phänomen auch bei Menschen, die einen Verlust zu beklagen haben. Die Folge davon sind eine Art emotionaler Nervenzusammenbruch, Selbstgefährdung, Gefährdung der anderen Passagiere und sich selbst.

Der Bereich der nicht vorhandenen Emotionalität oder des nicht vorhandenen ausgeglichenen Haushaltes, der Balance, ist das Thema, dass sich wie ein Faden durch das Buch ziehen wird. Und auch in der Arbeit für die Space Coaches® ist das Thema: Emotion, das Thema schlechthin. Überall lauert es.

Mentale Vorbereitung - MindSet

Im Rahmen von Mindset trainieren wir auch wie die Weltraumtouristen sich fokussieren können, um diese Reise, den Flug auch wirklich mit allen Sinnen genießen zu können. Auch hier findet ein Training statt mit all den vorhandenen Sinnen.

Mentales Training

Generell ist mentales Training beim Space Coaching® auch ein Pflichtprogramm. Denn je mehr ich mental darauf vorbereite, desto besser und leichter und einfacher wird es werden, diesen Flug, dieses Abenteuer zu überstehen. Genuss, Spaß und auch Freude stehen hier im Vordergrund.

Mentales Vorbereiten auf den Flug, die Abläufe etc. Auch das Trainieren dessen was dann im suborbitalen oder orbitalen Raum passiert wird trainiert, um zu schauen, ob es schiefgehen könnte. Oder wo Stress entstehen könnte.

Die Basis des mentalen Training

Modelling – hier greifen wir auf bereits Erlebtes, sprich die Eigen- oder Fremderfahrung zurück. Somit sichern wir uns Referenzen und können in einen interpretationsfreien Vergleich gehen. Wir bauen auf die Erfahrung und nehmen uns das Beste raus, was zukunfts- und lösungsgerichtet ist.

Das ist eine der besten Übungen für das eigene SELBST auch. Der Future Astronaut befasst sich automatisch mit seiner eigenen Identität. Und während er es macht, trainiert er schon seine mentalen Fähigkeiten. Er fängt an, sich zu erinnern. Das ist die Basis eines mentalen Trainings, an das man sich erinnern kann. Erinnerung ist enorm wichtig.

Egal was wir auch dann noch trainieren, wenn wir hier die Basis gelegt haben, dann wird der Future Astronaut auch anfangen sich an die Trainingseinheiten und die Übungen zu erinnern. Und das kann wiederum lebenswichtig sein oder werden.

Trance Simulationen der diversen Flüge – gehört zum Pflichtprogramm, damit wir sehen können, durch den Primary Check, wo und an welcher Stelle eines Raumfluges, der Stress denn nun entsteht. Das ist hier auch eine super mentale Übung.

Mentales Training generell bedeutet auch immer , dass ich Vertrauen besitzen muss. In das, was ich tue. Was der Space Coach® mit mir so macht oder machen will. Selbstvertrauen und Vertrauen in das, was gerade mit mir gemacht wird oder ich mit mir machen lassen.

Selbstsicherheit entsteht dabei und die brauchen wir massiv für jeden Future Astronaut. Keine Selbstüberschätzung, sondern Selbstsicherheit.

Wir trainieren hier all das, basierend auf dem, was der Kunde schon kennt oder nicht kennt. Die Basis ist immer der Kunde. Und der Kunde kennt mehr oder hat schon wesentlich mehr gemacht, wie man so manchmal vermuten würde.

Selbst Gedächtnistraining gehört oder kann dazu gehören. Sich zu konzentrieren oder es zu lernen sich auf den Punkt genau zu konzentrieren. Detailliert alles wiedergeben zu können, setzte auch voraus, dass ich mit Sprache besser umgehen kann. Wie will ich sonst später davon erzählen, was denn alles so auf dem Flug passiert ist?

Es gibt viele Möglichkeiten, wie schon gesagt, mentale Fähigkeiten zu trainieren. Die hier aufzuführen, würde ein eigenes Buch darstellen.

Ich habe mir erlaubt am Ende des Buches noch eine Literaturliste anzufügen. Das sind Bücher, die ich auch immer allen Space Coaches® empfehle. Dazu auch noch eine Liste von Filmen, die man sich anschauen sollte. Das alles dient der Inspiration. Es fördert die Perspektiven. Man bekommt einfach vielmehr ein Gefühl dafür, was vielleicht auf der Reise ins Weltall passieren könnte oder was man erleben könnte. Vielleicht nicht ganz so wie in den Filmen, aber das Gefühl, das könnte schon ganz genau so sein.

Und das gilt es zu trainieren. Das ist der Job eines Space Coaches®, dich so vorzubereiten, dass du wirklich das Gefühl hast, es ist also total easy.

Das Lesen und oder das Anschauen der Filme, stellt keine Belastung dar und hat einen großen Fun-Faktor. Und das soll es ja am Ende auch sein, wenn der eine oder andere in den Weltraum reisen möchte oder dann auch wird.

Motivation - Antreiber

Die Antreiber deines Lebens zu kennen und dann auch einzusetzen, das machen wir uns zunutze. Steven Reiss hat dazu vor etlichen Jahren einen Test draus gemacht. Dieser wird seit zig Jahren schon wissenschaftlich ausgewertet. Unsere Space Coaches® setzen den Test bei allen Future Astronauten ein.

Durch den Test erhalten wir die Antreiber, die Motivatoren eines jeden Future Astronauten auf dem Silbertablett präsentiert.

Hier eine Übersicht, welche Antreiber beziehungsweise Lebensmotive gemeint sind:

Macht:
Das Lebensmotiv Macht gibt Auskunft darüber, ob jemandem das Führen/Verantworten oder eher das Übernehmen von Dienstleistung wichtig ist.

Unabhängigkeit:
Das Lebensmotiv Unabhängigkeit macht eine Aussage darüber, wie jemand seine Beziehungen in den Aspekten Autonomie oder Verbundenheit zu anderen Menschen gestaltet.

Neugier:
Das Lebensmotiv Neugier macht eine Aussage darüber, welche Bedeutung das Thema „Wissen" für jemanden im Leben hat und wozu er Wissen erwerben möchte.

Anerkennung:
Das Lebensmotiv Anerkennung macht eine Aussage darüber, durch „wen" oder durch „was" jemand sein positives Selbstbild aufbaut.

Ordnung:
Die Ausprägung im Lebensmotiv Ordnung zeigt an, wie viel Strukturiertheit oder Flexibilität jemand in seinem Leben benötigt.

Sparen/Sammeln:
Das Lebensmotiv Sparen/Sammeln kommt in seiner evolutionären Entsprechung aus dem „Anlegen von Vorräten". Die Ausprägung zeigt an, wie viel es jemandem emotional bedeutet, Dinge zu besitzen.

Ehre:
Bei dem Lebensmotiv Ehre geht es darum, ob jemand nach Prinzipientreue strebt oder eher zweckorientiert ist.

Idealismus:
Das Lebensmotiv Idealismus betrachtet den altruistischen Anteil der Moralität und gibt Auskunft darüber, wie viel Bedeutung Verantwortung in Bezug auf Fairness und soziale Gerechtigkeit hat.

Beziehungen:
Bei dem Lebensmotiv Beziehungen wird die Bedeutung von sozialen Kontakten dargestellt. Hierbei spielt die Quantität der Kontakte eine entscheidende Rolle.

Familie:
Das Lebensmotiv Familie gibt Auskunft darüber, welche Bedeutung das Thema Fürsorglichkeit für jemanden hat zum Beispiel bezogen auf die eigenen Kinder.

Status:
Beim Lebensmotiv Status geht es um den Wunsch, entweder in einem elitären Sinne „erkennbar anders" oder aber unauffällig und wie die anderen zu sein.

Rache/Kampf:
Bei dem Lebensmotiv Rache/Kampf geht es insbesondere um den Aspekt des Vergleichens mit anderen. Dazu gehören auch die Themen Aggression und Vergeltung einerseits sowie Harmonie und Konfliktvermeidung andererseits.

Eros:
Eros als Lebensmotiv gibt Auskunft über die Bedeutung von Sinnlichkeit im Leben eines Menschen. Dazu gehören neben der Sexualität auch alle anderen Aspekte von Sinnlichkeit (z. B. Design, Kunst, Schönheit).

Essen:
Das Lebensmotiv Essen fragt nach der Bedeutung, die Essen als Selbstzweck für jemanden hat, d. h. wie viel der Genuss an Essen zu der Lebenszufriedenheit beiträgt.

Körperliche Aktivität:
Das Lebensmotiv körperliche Aktivität fragt nach der Wichtigkeit, die körperliche Aktivität (Arbeit oder Sport) für die Lebenszufriedenheit hat.

Emotionale Ruhe:
Das Lebensmotiv emotionale Ruhe kann auch mit emotionaler Stabilität umschrieben werden und fragt nach der Bedeutung stabiler emotionaler Verhältnisse für die Lebenszufriedenheit.

Das stellt allerdings nur eine kleine Übersicht und deren Möglichkeiten dar. Wichtig ist es mit diesen verschiedenen Lebensmotiven, Antreibern deines Lebens, jonglieren zu lernen. Niemand besitzt nur ein Lebensmotiv.

Das bedeutet, man operiert eben nicht nur mit einem einzigen Motiv. Die Motive sind unterschiedlich ausgeprägt. Im Unterschied allerdings zu Potenzialanalysen sind diese innerhalb nicht verschiebbar. Egal wie oft man den Test auch wiederholt oder unter welchen Umständen der Test elektronisch durchgeführt wird.

Es gilt für den Future Astronauten zu akzeptieren, dass es ist, wie es nun einmal ist. Und, dass es nicht das Schlimmste ist, wie es ist.

Wenn man anfängt sich mit den einzelnen Motiven zu befassen und dann zu kombinieren mit dem einen oder anderen, dann merkt jeder sehr schnell, wie einfach es doch sein kann, dieses Reiss Motivation Profiling im Alltag einzusetzen.

Mit der Kenntnisnahme des Reiss Motivation Profiling kann ich zum Beispiel besser meine Entscheidungen treffen. Mich leichter für das eine oder andere entscheiden. Ich weiß einfach leichter meine Zukunft zu gestalten.

Für die meisten ist es am Anfang immer so, des NICHT wahrhaben Wollens. Und später dann liebt man es einfach nur.

Für die Future Astronauten ist es ein wichtiges Instrument, um auch die eigene Motivation anders zu überprüfen, zu überdenken, wieso er oder sie überhaupt diesen Flug machen will.

Das schafft massive Selbstsicherheit.

Wieso machst du denn diese Reise?

- Was bedeutet es für dich, diese Reise machen zu wollen? Was macht das mit dir, nachdem du wieder gesund auf der Erde bist?
- Was ist jetzt anders? Willst du dir etwas beweisen?
- Wenn ja, was?
- Was erhoffst du dir von dieser Reise?
- Was willst du unbedingt erleben – während des Fluges und ganz speziell, wenn du im suborbitalen Raum bist?

Unser eigener Fragenkatalog ist noch wesentlich länger und intensiver. Wir haben uns dabei orientiert an den 16 Lebensmotiven und daraufhin unsere Fragen gestaltet.

Reiss Motivation Profiling® – zur Ermittlung der Antreiber eines jeden Passagiers. Unterstützende Funktion zur Bildung der Flugteams. Je mehr wir etwas von seiner Motivation seines Lebens kennen, desto leichter wird es sein, ihn zum Positiven zu manipulieren, seinen Flug zu genießen.

Wir empfehlen auch, dass Reis Motivation Profiling in der Team-Zusammensetzung einzusetzen. Will bedeuten, wenn zum Beispiel bei Blue Origin 5 oder 6 Passagiere mitfliegen, dann unterstützt eben dieses feine Tool dabei, diese 5–6 Personen genau zusammenzustellen.

Man kann einfach vieles ausschließen oder für eine gewisse Harmonie sorgen. Keiner möchte doch einen Flug erleben, der letztendlich einem Schlachtfeld in einem Hotelzimmer einer alternden Rockband gleicht.

Raumanzug - Enge

Die Frage, die man sich grundsätzlich derzeit noch stellt, ist die: Reist der Future Astronaut nun mit einem kompletten Raumanzug oder ist es nur eine Art von Suite und nicht mehr. Das ist allerdings ein extrem wichtiger Punkt, wie man auch auf dem Foto sehr gut sehen kann.

Ein reiner Anzug stellt nicht so wirklich ein Problem dar. Nur können da etliche Dinge geschehen, die man dann wiederum besser mit einem kompletten Raumanzug machen sollte, also mit Helm. Ich möchte an dieser Stelle nur auf ein Beispiel eingehen, da im Verlaufe des Buches an den einzelnen Punkten die Erkenntnis schnell kommen wird, dass ich und auch die Space Coach Academy® sehr empfehlen, mit Raumanzug und Helm zu fliegen.

Hier nun das Beispiel: Stellt euch vor, ihr seid Passagiere, neben weiteren 4 oder 5 anderen. Die Anzahl spielt dabei keine große Rolle.

Und ihr fliegt ohne Helm, sondern nur mit einem Anzug oder Suit oder was auch immer. Während des Fluges, vielleicht innerhalb der Schwerelosigkeit, muss sich einer der Future Astronauten übergeben. Das Übergeben an sich ist ja schon schlimm genug für den Betroffenen. Aber die Faustregel ist leider so, dass wenn einer in einer Gruppe von Menschen sich übergeben muss, meistens auch ein Weiterer sich solidarisch mit übergeben muss.

Und selbst das ist vielleicht noch nicht so schlimm. Doch wir befinden uns bekanntlich in der Schwerelosigkeit. In der Schwerelosigkeit würden die einzelnen Teilchen des Erbrochenen schön und frei in der Kapsel schweben. Ob das so sinnvoll sein soll, wage ich doch arg zu bezweifeln.

Wie gesagt es ist nur ein Beispiel oder doch vielleicht dann Realität. Keiner der zahlenden Future Astronauten möchte doch so etwas erleben.

Und als Passagier möchte ich auch nicht die Teilchen von meinen Mitreisenden abbekommen. Und erst recht nicht, wenn ich jede Menge Geld für dieses Erlebnis bezahlt habe.

Hier nützen auch unsere Trainings nichts. Aber wir versuchen die Future Astronauten für diesen hoffentlich nie eintretenden Moment zu desensibilisieren. Ich möchte hier explizit auf das Kapitel: *Übelkeit – Würgereiz – Erbrechen* verweisen.

Wir empfehlen hier auf ein System zuzugreifen, dass wie ein Airbag funktionieren könnte, wenn sich ein Passagier übergeben müsste. Z.B. dass man von außen einen Knopf oder ähnliches drückt und schon klappt eine Art von Beutel auf und - zack - kann das Erbrochene dort entleert werden. Wieder drücken und der Beutel schließt sich wieder.

Innerhalb eines solchen Raumanzuges empfehlen wir auch, eine Trinkflasche mit einzubauen. Damit könnte man auch den Mund umspülen, sollte sich der Passagier übergeben haben. Logischerweise muss der Passagier auch dann lernen, dieses wieder zu erdulden. Er muss trainieren, dass er es ausspuckt. Dazu kommt natürlich dann auch noch mal der Geruch aber auch der Geschmack. Da verweise ich hier auch auf das Kapitel: *Geruchssinn und Geschmackssinn*.

Der Raumanzug verursacht eine zusätzliche Enge - neben dem des Fluggerätes. Meistens wird es eine Kapsel oder eben eine Art von kleinem Flugzeug sein. Dazu kommt der ungewohnte Umgang mit dem Sauerstoffgemisch. Also arbeiten wir auch mit dem Thema: *Enge*.

Die *Enge* trainieren wir ganz gern in einem *Floating Tank*. Dort kann man neben der Enge und dem Liegen in einer Art von Salzwasser, auch eine Art von „Schwerelosigkeit" simulieren. Enge trainieren kann man auch, in dem man die Future Astronauten bittet, sich in einen Schlafsack zu legen. Idealerweise trainiert man es natürlich dann, wenn man seinen eigenen Anzug anziehen kann.

Da wir davon ausgehen, dass die Gesellschaften wohl doch mit einem Raumanzug und Helm reisen werden, sind diese natürlich genormt, beziehungsweise genau auf den Future Astronauten zugeschnitten. Eine Firma überlässt auch nach dem Flug den Passagieren diesen speziellen Raumanzug samt Helm.

Wir sind hier noch bemüht, eigene *Anzüge* zu bekommen, direkt von den diversen Gesellschaften, damit man es einfach nicht nur theoretisch trainieren, sondern auch praktisch und mental immer und immer wieder durchgehen kann.

Darüber hinaus wird während eines Fluges niemand den *Helm* einfach so abnehmen können. Das wird ein gefährliches Unterfangen sein, für den Future Astronauten selber und auch für die anderen Passagiere. Daher hilft es enorm, hier für Sicherheit zu sorgen. Also Sicherheit für die Passagiere.

Enge führt bei Menschen, die eine negative Erinnerung oder mehrere besitzen, ebenfalls zu Beklemmungserscheinungen. Das führt im schlimmsten Fall zu Panikreaktionen, Atemnot und Bewusstlosigkeit.

Die Sitze müssen daher oder sollten so verstellbar sein, damit man eine stabile Seitenlage hinbekommen oder eine Schocklage inszenieren könnte.

Atemluft – wenn Menschen nicht ihre gewohnte Atemluft einatmen können oder die ihnen bekannte, gewohnte Atemluft, dann reagieren diese panisch. Gerade beim Weltraumflug wird auf ein bestimmtes Mischverhältnis gesetzt. Ähnlich wie beim Tauchen.

Defekte am Raumanzug – Verschlüsse schließen nicht, kleine Risse oder Ähnliches. Die Funktionstüchtigkeit ist nicht mehr gewährleistet.

Sauerstoffversorgung setzt aus oder ist mangelhaft und das schon vor dem Start, beim Technikcheck.

Scheiben beschlagen im Helm oder generell, sodass man nichts sehen kann. Das Heizsystem fällt aus. Frieren oder Schüttelfrost vor lauter Freude. Vor lauter Ehrfurcht.

Wir arbeiten dabei gezielt mit Atemtechniken und Techniken aus der Meditation, kinesiologische Selbst-Coaching-Testverfahren und Klopftechniken, die auch in einem Raumanzug äußerlich über den Anzug wirksam sein werden. Das bedeutet, wir trainieren sehr vieles vorher, damit die Abläufe dann auch während des Fluges wie ein und ausatmen funktionieren.

Orientierung - Sehen - Hören

Orientierung ist ein großes Thema bei der Vorbereitung eines *Future Astronauten*. Zum einen geht es hier um die Orientierung an sich. Wo bin ich überhaupt? Wo ist oben und wo ist unten?

Hier greift man auf Manipulationstechniken der echten Astronauten und denen, die bereits auf der ISS waren, zurück. Dort setzt man Pfeile als Orientierungshilfe ein. So gaukelt man dem Gehirn vor, wo sich oben und unten befinden könnte. Das Gehirn orientiert sich in den ersten Tagen auf der ISS daran. Danach hat sich unser Gleichgewichtsorgan mehr oder weniger daran gewöhnt. Und die Pfeile werden nicht mehr so wirklich wahrgenommen. Auf der Erde ist das egal, weil es eben die Schwerkraft gibt. Auf der ISS, durch die Schwerelosigkeit, ist eben nicht alles oben und unten, sondern sehr unterschiedlich.

Wir fragen aber auch jeden der Future Astronauten, was es denn für sie das Wort oder der Wert der Orientierung bedeutet? Wieso eigentlich? Nun, wir wollen wissen, was eben die Orientierung bedeutet, wie wichtig diese für den Einzelnen nun mal ist.

Provokativ gesehen und gefragt setzt sich das Wort Orientierung aus dem Orient und dem Tier zusammen. Somit fragen wir nach: Was bedeutet der Orient? Was verbindest du damit? Was bedeutet ein Tier für dich? Was verbindest du mit dem Wort Tier oder dem Lebewesen?

Die Orientierung bekommt auf die Art und Weise eine neue Bedeutung, und zwar durch eine veränderte Perspektive, die man

vorher eben nicht hatte. Wir sorgen für einen neuen, einen geänderten Rahmen. Die Sichtweise wird verändert oder zumindest die Möglichkeit, die Sichtweise zu ändern.

Wieso machen wir das? Damit wir klären, wie wichtig dem Future Astronauten die Orientierung ist und welche Bedeutung hat das für den Flug. Die Orientierung bei einer solchen Reise zum Astronaut geschieht fast ausschließlich mit den Augen.

Ein Phänomen, das es immer wieder gibt, ist, dass Passagiere, die untrainiert sind, ihre Augen schließen. Hoffentlich öffnen sie diese irgendwann noch während des Fluges - sonst hat man viel Geld ausgegeben und hat aber nichts gesehen für im 250.000 €. Darum ist das Training für die visuelle Wahrnehmung und für das Gleichgewichtsorgan so wichtig im Space Coaching® Training.

Die Orientierung wird ja nun einmal bestimmt durch unser Gleichgewichtsorgan. Der eine reagiert hier schneller als der andere. Vor allen Dingen was hier auch wiederum die Übelkeit anbelangt.

Tinnitus – oder emotionaler Tinnitus – wäre eine Voraussetzung, die man sich ganz genau anschauen müsste, ob ein Future Astronaut Kandidat überhaupt mitfliegen kann. Der dabei entstehende Schwindel oder die schon bekannten Pfeifgeräusche würden unter den Aspekten der Schwerelosigkeit nur verstärkt werden. Unerträglichkeit wäre das Ergebnis. Das Gleichgewichtsorgan hat keinerlei Ahnung mehr, wo oben und unten ist.

Menschen mit einer Schwerhörigkeit oder Problemen mit dem Gleichgewichtsorgan, neigen dazu, die Dinge so zu verstehen, wie sie es wollen oder für sie am besten ist. Das kann man sich in einem Fluggerät nicht leisten oder in einer Kapsel. Die Kommunikationsfähigkeit ist unter allen Umständen zu gewährleisten. Die Passagiere sind auf eine Headset-Kommunikation angewiesen, aller Wahrscheinlichkeit nach. Dies stellt den einzigen Austausch dar und der ist lebenswichtig.

In Dunkelheit fürchten wir uns meistens, also öffnen wir unsere Augen und alles ist wieder gut. Dafür muss ich lernen auch die Augen zu öffnen.

Dafür gehen wir zum Beispiel in sogenannte Dunkelräume und arbeiten hier mit blinden Menschen oder Menschen die eine sehr starke Sehbehinderung haben. Wir befinden uns dann in einem absolut dunklen Raum. Man sieht wirklich absolut nichts. Der eine oder andere kennt es vielleicht von „Dinner in the Dark" - dort nimmt man ein 3-Gänge-Menü ein und isst und trinkt im absoluten Dunklen.

Wir trainieren dort ganz massiv und halten uns mindesten 2 bis 4 Stunden in den Räumlichkeiten auf. Innerhalb der dunklen Räume nutzen wir auch die Möglichkeit, unsere anderen Sinnesorgane zu schulen. Diese aktivieren sich automatisch, wenn das Augenlicht wegfällt. Allen voran der Tastsinn – der sofort reagiert. Dazu kommen Geräusche, auf die wir uns ganz massiv konzentrieren. „Wo bist Du?" Das ist die Frage, die die meistens stellen, wenn sie im Dunkeln trainieren.

Dazu arbeiten wir zur Steigerung mit sogenannten *stillen Kopfhö-rern*. Man hört absolut nichts da drunter. Aber wir sehen wieder und konzentrieren uns jetzt auf das, was wir sehen. Das Ziel bei dieser Übung ist auch über Handzeichen oder in dem Fall die Gebärdensprache, einigermaßen zu kommunizieren. Unterstützt werden wir hier bei von fast nichts hörenden Menschen. Taubstumm sagt man eigentlich dazu nicht mehr.

Man stelle sich vor, der Future Astronaut befindet sich in der Schwerelosigkeit und es wird dunkel oder zumindest gäbe es wenig Licht. Dazu ist durch den Helm das Sichtfenster mehr eingeschränkt, als bei einem Motorradhelm.

Dann ist es extrem wichtig, das Wenige, das man sehen kann, aber nicht hören, auch richtig zu deuten. Daher lernen wir von Menschen, die die Gebärdensprache benutzen. Denn Astronauten benutzen auch eine abgesprochene Art von Zeichensprache. Ihre eigene, wenn man so will.

Wir würden auch darauf zurückgreifen, damit man sich unter Umständen und gerade in Notfallsituationen besser und schneller und komplikationslos verständigen kann.

Wir lernen also spielerisch und das setzt sich so einfach schneller ins Langzeitgedächtnis fest. Somit kann man immer schneller und sicherer darauf zurückgreifen.

Die Orientierung trainieren wir allerdings auch mit dem Trampolin, indem wir auf den Olympiatrampolinen zum Beispiel in Wien

trainieren. Das ist auch schon nicht ganz ohne. Mindestens 50 %
unsere Space Coaches® musste sich daran erst gewöhnen.

Das Training hier fördert aber auch Sicherheit für das Gleichgewichtsorgan. Denn der Mensch ist ja ein Gewohnheitstier und je
mehr man trainiert, desto mehr kann man sich selbst an gewisse
Grenzen bringen.

Bei dem Training achten wir natürlich darauf, dass auch alles ab-
gesichert ist. Teilweise nutzen wir hier auch ein aktives Compu-
terspiel. Dadurch werden bestimmte Bewegungsabläufe beim
Springen mittrainiert.

Auch hier gibt es so was wie einen spielerischen Spaßfaktor beim
Training. Ein Highlight ist sicherlich das Training mit dem Space
Curl. Das Gerät wird auch nach wie vor in ähnlicher Form auch
für die echten Astronauten so benutzt.

Man muss hier nicht nur die Orientierung beibehalten, sondern
auch schauen, wie das Gleichgewichtsorgan generell reagiert. Einige von unseren Space Coaches® haben auch hier einige Minuten
oder Momente benötigt, um sich daran zu gewöhnen. Ziel ist es
immer, wenn alle drei Achsen sich bewegen, wieder zum Stillstand zu kommen. Nach Möglichkeit und je nach Geschwindigkeit
innerhalb einer Minute. Wichtig ist es jedoch, überhaupt zum
Stillstand zu kommen.

Konzentration auf ungewohnte Bewegungsabläufe in einer speziellen Umgebung. Klingt schon nach dem Weltraum, ist es aber
nicht. Sicherheit wird natürlich auch hier großgeschrieben.

Für den Future Astronaut, sollte hier ein wenig Angst vorherr-
schen, ist es wichtig, überhaupt einzusteigen und sich langsam
dem Gerät zu nähern. Oder zu üben.

Wir bewegen den Space Curl ganz langsam, so wie der Kandidat
es verträgt und zulässt. Jeder muss hier seine eigene Geschwindigkeit finden. Manche gehen auch rein und machen es einfach.
Der Space Curl ist ein fantastisches Trainingsgerät und wird auch
gerne bei Sportlern während der Reha Maßnahmen eingesetzt.

Wahrnehmung – Training

Was nimmt der Passagier so wahr? Seine Umwelt, was bei sich selbst? Sichtbehinderung bei einem Raumanzug – trainieren mit einem ähnlichen Helm oder eben mit dem Originalhelm.

Wahrnehmung ist eben auch noch einmal so eine Sache für sich.

Selbstvertrauen, Selbstsicherheit benötigen Future Astronauten ebenso. Mit der Wahrnehmung trainieren wir auch die Intuition.

Die räumliche Wahrnehmung muss trainiert werden, eben wegen des eingeschränkten Sichtfensters und auch die intuitive Wahrnehmung. Mehr zu sehen aus dem Augenwinkel, als man vielleicht sonst sehen würde.

Wir arbeiten hier auch mit speziellen Augenbewegungen und Augenübungen. Die Future Astronauten erlangen so immer mehr an Eigensicherheit. Dadurch bewegen sie sich einfach anders, gegenüber vorher. Das ist wie gesagt Eigenschutz.

Sollte etwas passieren, kann man so was mit einbauen wie Fremdsicherung! Bewahren vor einem Schaden, der unter Umständen auch das eigene Leben in Gefahr bringen könnte.

Schwerelosigkeit

Die Schwerelosigkeit ist für die Gleichgewichtssinne, besonders das Innenohr, erst mal verwirrend. Der Körper blendet einfach die Gleichgewichtsinformationen des Innenohrs aus, denn ohne Gravitation ergeben sie keinen Sinn mehr.

In der Schwerelosigkeit sind dann die Augen entscheidend für den Gleichgewichtssinn. Außerdem verteilen sich die Flüssigkeiten im Körper um. Ein roter Kopf ist daher ein typisches Phänomen bei Astronauten.

Auch das Herz muss nicht mehr gegen die Schwerkraft pumpen, es wird schwächer. Spätestens hier muss auch unterschieden werden zwischen suborbitalen Flügen und einem orbitalen Flug.

Man weiß inzwischen, dass das Immunsystem in Schwerelosigkeit nicht vernünftig funktioniert. Das liegt daran, dass bestimmte Immunzellen sich im Körper bewegen. Und diese Bewegung hängt von der Gravitationskraft ab. Dadurch weiß man: Auf der ISS einmal Bindehautentzündung, immer Bindehautentzündung und einmal Schnupfen, immer Schnupfen.

Schwerelosigkeit kann man auf sehr unterschiedliche Art und Weise trainieren. Floating hatte ich ja schon eben erwähnt, ist auch eine Möglichkeit. Ihr könntet natürlich auch Urlaub machen am Toten Meer. Ihr solltet aber dann auch ins Wasser gehen.

Wir trainieren am liebsten in einer Sky Diving Indoor Anlage. In Europa haben wir einen fixen Partner: Windobona in Wien zum Beispiel. Gibt es aber auch in Berlin und Barcelona und auch bald in Hamburg. Fallschirmspringen in der Halle. Es ist natürlich keine direkte Schwerelosigkeit, aber es geht in die Richtung.

Unsere Probanden werden von einer starken Luftturbine, die sich unterhalb des Körpers befindet, nach oben gedrückt. Dafür liegt man sozusagen auf der Luft. Ein Instruktor hilft einem dabei, die ersten Schritte zu unternehmen.

Man hat, wie man unschwer auf dem Bild auf der vorigen Seite erkennen kann, einen speziellen Hosenanzug an. Dieser ist ein wenig zu groß geraten. Erfüllt aber seinen Zweck. Dazu noch einen Helm, eine Schutzbrille und Ohrenstopfen. Innen drin ist es sehr laut und so werden im Vorfeld gewissen Handzeichen ausgemacht, damit man sich auch später verständigen kann.

Hier kommt dann schon das Training mit den stillen Kopfhörern zu Gute. Es bedarf immer etwas Überwindung, auch dort reinzugehen und seine ersten Versuche zu meistern. Aber es hat noch jeder geschafft. Den meisten macht es sogar jede Menge Spaß und die gehen dann später immer und immer wieder hin.

Das Training hat folgenden Effekt: Sicherheit schaffen, weil man auch hier unter Umständen an seine Grenzen kommt. Vielleicht auch aus gesundheitlichen Gründen. Das haben wir allerdings vorher auch schon berücksichtigt, damit hier keiner einen Schaden davon tragen kann.

Wenn man jetzt auf der Luft liegt, gibt es bestimmte Körperhaltungen. Dadurch kann man sich auf der Luft bzw. Im Wind bewegen. Man dreht sich, steigt nach oben und wieder runter und so weiter. Immer an der Seite ist der Instruktor.

In den Trainings für unsere Space Coaches sind wir in der Regel jeweils zu 4 Einheiten à 1,5 bis 2 Minuten drin. Das klingt nach wenig, aber ich kann euch versichern, dass es extrem anstrengend ist. Die meisten haben sogar nach dem ersten Mal am nächsten Tag einen Muskelkater. Dein Körper trainiert Muskeln, die sonst wenig bis gar nicht benutzt werden. Einen ähnlichen Effekt gibt es auch, wenn man zulange im Weltraum war. Muskelschwund ist so ähnlich wie Muskelkater. Also was die Schmerzen anbelangt.

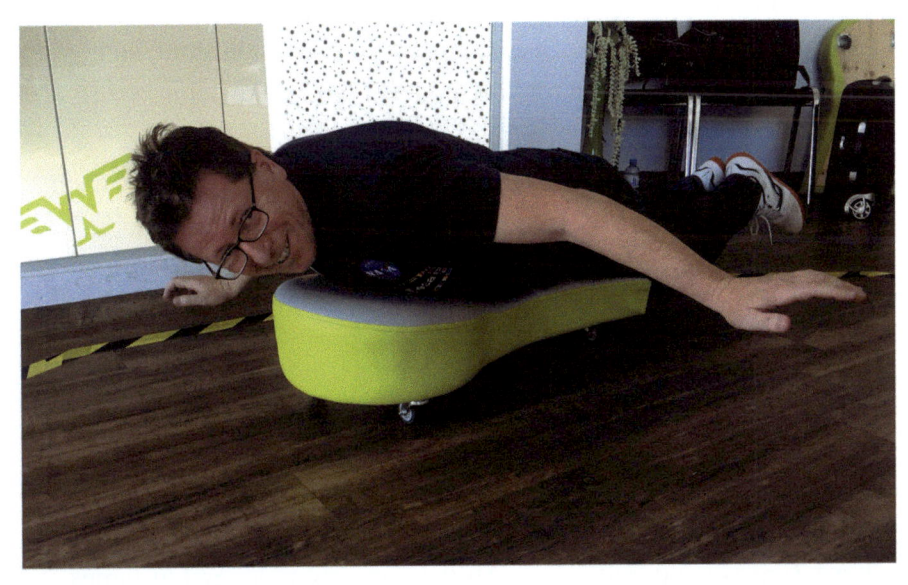

Jeder Future Astronaut lernt somit, wie man sich auch in der Schwerelosigkeit zu bewegen hat. Nur hier eben reitet man auf der Luft oder dem Wind. Wir haben auch die Möglichkeit, auf den Trockenboards ein wenig zu trainieren..

Auch das macht viel Spaß. Man legt sich drauf und wird bewegt und dann losgelassen. Das ist dann wirklich wie Schwerelosigkeit, nur ohne die Tatsache, dass sich das Gleichgewichtsorgan nicht umgewöhnen muss. Aber der Abstoß ist zu vergleichen damit, als wenn sich ein echter Astronaut auf der ISS abstößt, um von der einen auf die andere Seite zu gelangen.

Man kann natürlich auch mal einen Tandemsprung mit einem Fallschirm machen. Oder später auch einen Solosprung. Ebenfalls gibt es die Möglichkeit einen Parabelflug zu machen. Einen Zero Flight Flug. Dort erlebt man mit einem Flugzeug mehrere soge-nannte Parabeln. In einer Stunde bis zu 26. Das Flugzeug zieht dazu die Nase nach oben und beginnt mit einem Steigflug.

Danach nach Erreichung einer bestimmten Höhe geht es steil nach unten. In beiden Fällen entstehen jeweils Parabeln, diese dauern so 20 bis 26 Sekunden. Dieses Training empfehlen wir eigentlich immer. Stellt aber auch kein Pflichtprogramm dar.

Ähnliches kann man auch erfahren und erleben, wenn man eine Zentrifugen-Fahrt durchläuft. Hier werden G-Kräfte simuliert. Die meisten kennen das von der berühmtesten aller Zentrifugen, näm-lich jene aus dem Sternenstädtchen in Baikonur. Berühmt wurde diese Zentrifuge durch ihren „Auftritt" in einem der ersten James-Bond-Filme.

Future Astronauten sollten beim Training die Fliehkräfte bis zu 5 G schon vertragen. Besser wären hier 7 bis 8 G. Auch das kann man sehr gut trainieren, wenn man sich zum Beispiel bereits mental vorbereitet. Kampfpiloten müssen bis zu 12 G aushalten können. Hierzu kann man auf www.space-coach-academy.com auch einige Videos finden, wie so etwas ausschaut.

Dazu findet man aber auch jede Menge Videos auf YouTube. Auch hier ist es wichtig, ein Gefühl dafür zu bekommen. Heutzutage muss man dafür nicht unbedingt nach Baikonur reisen. Mittlerweile gibt es viele sogenannte Kurarm-Zentrifugen. Dort erreicht man auch diesen Effekt. Man trägt ebenfalls einen Kompressionsanzug, damit das Blut durch die Zentrifuge nicht einfach nach unten wegsackt.

Frauen, die schon eine Geburt hinter sich haben, werden hier einen großen Vorteil gegenüber Männern haben – die Atmung. Außer Männer haben regelmäßig Yoga Sitzungen hinter sich.

Pressatmung ist das Zauberwort. Das hilft sehr, wenn die G-Kräfte nach oben gehen. Meistens beginnt das schon bei 3 G. Danach dient die Pressatmung vor allen Dingen vorzubeugen, dass man nicht in Ohnmacht fällt. Das ist aber auch schon das Schlimmste, was passieren könnte. Die Zentrifuge bleibt dann einfach stehen. Also dreht sich langsam aus bis zum Stillstand. Innerhalb der Fahrt kann es auch sein, dass man mit einer kleinen Wasserflasche arbeitet, um zu sehen, inwieweit man damit Übungen auf Anweisung machen kann. Mentales Training vorher und nachher wird letztendlich den eigentlichen Flug, zum easy Erlebnis machen.

Übelkeit - Würgereiz - Erbrechen

Menschen, die kein gutes Gleichgewichtsorgan besitzen oder generell mit Höhen und Schwindel Probleme haben, werden wohl oder übel mit dem Phänomenen der sogenannten Reisekrankheit konfrontiert werden. In allerletzter Konsequenz führt das zum Erbrechen. Wobei der reine Würgreflex bei den meisten einen ähnlichen Reflex auslöst. Das Phänomen ist bekannt.

Erbrechen ist ein Abwehrmechanismus des Körpers, bei dem er den Inhalt des Magens durch den Mund wieder nach außen befördert. Erbrechen (griech. Emesis) gehört zu jenen Symptomen, die jeder Mensch im Laufe seines Lebens normalerweise einmal erfährt.

Ablauf von möglichem Erbrechen: Manchmal ziehen sich die Muskeln rhythmisch zusammen, ohne das der Mageninhalt erbrochen werden kann – dann spricht man von Würgen. In den meisten Fällen empfinden die Betroffenen starke Übelkeit und Brechreiz. Dies variiert jedoch je nach Ursache des Erbrechens.

In der Regel ist das mit Ekel und Scham verbunden, wenn jemand dabei zu sieht. Die Umgebung wird dabei nicht mehr wahrgenommen, da der Würgreflex groß sein wird. Die Konzentration auf die Umgebung schwindet massiv. Ekel wird als starke Abneigung definiert, die oft auch mit körperlichen Symptomen verbunden ist. Übelkeit, Schweißausbrüche und sogar Ohnmacht können bei einer Ekelreaktion auftreten.

Die Grundlage zum *Ekeln* ist jedem Menschen angeboren und ist eng mit dem Würge- und Brechreflex verbunden. Auch der Gesichtsausdruck ist universell: Die Nase wird gerümpft, die Oberlippe hochgezogen, die Mundwinkel wandern nach unten. Das Erbrechen selber ist noch unangenehmer, wie das vorherige Würgen oder dessen Reflex zum Würgen. Selbst die entstehende Übelkeit ohne Würgeeffekt oder Reiz, ist für die Betroffenen extrem unangenehm.

Die Gerüche, die beim Erbrechen dann entstehen, sind extrem übel und sorgen nicht für eine Beruhigung der Situation. Sowohl der persönlichen als auch die der anderen. Zuschauer, die dieses sehen, übergeben sich in der Regel gleich mit. Im besten Fall entsteht nur ein unangenehmer Würgreflex, aber kein Erbrechen.

Das Phänomen oder die Gefahr von Übelkeit und Erbrechen, taucht in folgenden Bereich wahrscheinlich auf:

- Start und Landung
- Übergang in die Schwerelosigkeit
- Fallgeschwindigkeit – G-Kräfte
- Sympathische Mitläufer
- Nervosität

Meistens ist es so, dass beim Start und Landung ein hoher Grad an Nervosität eintritt. Echte Astronauten empfehlen auch immer vor dem Start gut zu essen und vorher nochmals zur Toilette zu gehen.

Beim Start in einer liegenden bzw. sitzenden Haltung, lernt der Future Astronaut, den Kopf auf den Brustkorb zu ziehen, damit er das Erbrochene dort entledigt. Andernfalls wäre das Sichtfeld zu stark beeinträchtigt. Niemand kann hier helfen das Sichtfenster wieder zu reinigen. Pech gehabt.

Das gilt natürlich auch, wenn man sich dann in der Schwerelosigkeit befindet - und durch die Veränderung das Gleichgewichtsorgan verrückt spielt. Ergebnis, man wird sich übergeben. Der Würgreflex ist ja auch schon an sich unangenehm. Und manchmal meint man, da kommt was und dann bleibt es im Hals stecken. Auch nicht so schön.

Daher muss der Future Astronaut trainieren, wie man sich richtig übergibt. Wie schon erwähnt, Kopf auf den Brustkorb ziehen, so kann das Erbrochene einfach herunterlaufen. Über die Möglichkeit eines Auffangbeutels haben wir ja schon gesprochen. Das Sichtfenster ist das größte Problem, daher nehmen die zukünftigen Astronauten gerade dieses Training sehr gerne an. Und niemand möchte viel Geld bezahlen und dann nichts sehen, weil man sich übergeben hat.

Die Option, dass bei Flügen ohne Raumanzug das Erbrochene dann in der Kapsel frei herum schwebt, ist auch nicht gerade gut. Das würde nämlich auch zwangsläufig dazu führen, dass der eine oder andere Passagier sich solidarisch mit übergeben müsste. Das Phänomen kennen wir doch alle, oder? Man ist auf einer Party oder noch besser auf dem Oktoberfest, wo es die berühmte grüne Wiese gibt. Da gehen alle hin, die sich übergeben möchten und es nicht mehr schaffen bis zu den Toiletten. Meistens bleiben die meisten dann aber auch dort liegen.

Ich merke jetzt schon, wie das Kopfkino bei euch so loslegt. Eine mir schon bekannte Frage ist immer: Übt ihr das wirklich? Na klar - wir fahren mit den Kunden, den kommen Astronauten, immer zum Oktoberfest. Einmal im Jahr. Lassen uns volllaufen und beobachten dann alle beim Erbrechen und analysieren später alles. Dann warten wir wieder ein Jahr und machen es immer und immer wieder. Und klar, wir nehmen alles mit der Kamera auf, damit wir es besser analysieren können. Inklusive Zeitlupe.

Nein, natürlich nicht.

Wir trainieren, wie man sich richtig übergibt. Kopf nach unten halten, damit das Erbrochene an der speziellen Kleidung herunterlaufen kann. Die kommerziellen Astronauten müssen dann trainieren, mit den Gerüchen und der Konsistenz zurechtzukommen, für den Rest des Fluges, egal welche Zeit noch übrig bleibt.

Wie wir das machen? Wir trainieren hier mit ähnlichen Substanzen und Gerüchen und erreichen dadurch eine Desensibilisierung auf die mögliche extrem unangenehme Situation.

Manchmal, wenn der Kunde das wirklich mal mehr oder weniger in echt trainieren will, dann nehmen wir die gute alte Ahoi Brause. Den Rest überlasse ich eurer Fantasie. Und es wäre doch sehr bedauerlich, wenn ein kommerzieller Passagier viel Geld bezahlt hat und sich dann so übergibt, dass er nichts sieht.

Transfer in den Alltag

Mentales Erbrechen passiert eben auch in manchen Arbeitsver-
hältnissen. Mit den Erdbewohnern trainieren wir sehr gerne auch
das mentale Erbrechen.

Ein Beispiel gefällig? „Mir ist so übel, wenn ich den Kollegen
oder die Kollegin so sehe. Ich könnte echt kotzen!"

In der Regel ist einem speiübel, aber mehr nicht. Und dann bekommt das auch noch alles ein ganz anderer ab.

Wie schade? Wir bringen euch gerne bei, wie man mental auch
wirklich den richtigen Treffen kann. Denn irgendwo muss es ja
hin. Was raus will, muss auch raus. Ansonsten geht es euch ja weiterhin schlecht. Und das will doch keiner, oder?

Aber es ist auch wichtig, zu lernen wie man das, also den Würgreflex, den Mentalen, einfach herunterschlucken kann. Den Ärger,
den man gehabt hat oder den Frust. Oder was auch immer. Das ist
doch eigentlich eine gute Fähigkeit, oder nicht?

Geruchsinn - Geschmackssinn

Geruchsempfindliche Menschen – haben in einem Raumfluggerät und erst recht in einem Raumanzug eine große psychische Hürde zu nehmen. Die Empfindlichkeit des Geruchsorgans wird dabei auf eine harte Probe gestellt. Das gilt für das Sauerstoffgemisch, das eingeatmet wird, ebenso für das Riechen des eigenen Erbrochenen oder dem der anderen. Im schlimmsten Fall auch der Geruch von Urin oder Kot.

Beschreibung des Testverfahrens:
Wir haben hierfür speziell mit einer Kaffeerösterei ein Testverfahren entwickelt. In dem Fall auch wieder in Hamburg *Kaffeebrewda* – übersetzt so viel wie KaffeeBruder.

Wir testen Kaffee und die verschiedenen Röstverfahren. Probieren die bestimmten Kaffeetypen. Probieren in kleinen schlucken, die man nach Möglichkeit dann wieder ausspuckt. Der Geschmackssinn wird dadurch enorm geschärft. Ähnlichen Effekt erreichen wir mit Gin. Hier wird mit Pipetten gearbeitet und es geht auch um den Geschmack.

Danach gehen wir her und konzentrieren uns auf den Geruch. Dazu gibt es verschiedenste Proben, an denen wir schnuppern und erkennen müssen, was es denn nun ist. Darunter befindet sich einer unsere wichtigsten Stoffe: Milchsäurebakterien und ranzige Butter.

Beide Stoffe simulieren Erbrochenes. Sollte jemand hier heikel reagieren, dann können wir durch gezielte Konfrontation eine gewisse Desensibilisierung herbeiführen. Wie bei einer Allergie in der Medizin.

Hier merkt man auch noch mal, wie wichtig unsere Funktion als Space Coach® ist. Wir versetzen uns in alle möglichen Lebenslagen der Future Astronauten hinein und versuchen, auch dann sofort eine oder mehrere Lösungen zu finden.

Wir analysieren sozusagen sämtliche Worst-Case-Szenarien. Um dann die Lösungen zu trainieren. Das schafft dann wiederum Sicherheit.

Stress

An erster Stelle geht es um Stress. Und Stress führt in verschiedensten Formen unter anderem zu Panikattacken. Dadurch stellt Stress eine Gefahr bei den kommerziellen Flügen dar.

Hinzu kommt die Gefahr der engen Räumlichkeit. In Kombination mit dem Stress entsteht bei den meisten Menschen ein Fluchtgedanke. Diesem kann aber nicht nachgekommen werden, da sich die Person in einem geschlossenen System befindet. Eine Doppelung von Stress entsteht, wenn der Future Astronaut noch in einem Anzug stecken sollte. Stress muss im Vorfeld bearbeitet werden.

Wenn jemand seinen Stress nicht im Griff hat, würde der bereits erhöhte Arousal dazu führen, dass es in den schlimmsten Fällen auch zu einem Herzinfarkt oder auch einem Schlaganfall führen kann. Hier gilt es, wenn möglich, vorbeugende Maßnahmen zu ergreifen.

Unkontrollierter Stress – kann zu Panikattacken führen und somit auch wieder Gefahr für das Leben aller Passagiere.

Wir als Space Coach Academy® definieren Stress wie folgt: eine NICHT spezifische Reaktion des Körpers, auf jedwede an ihn gerichtete Anforderung. Dazu gesellen sich jede Menge an Stressoren, die im Körper individuell Stress hervorrufen. Und unterschiedliche Stressfaktoren haben ebenfalls unterschiedliche Wirkungen. Hier sind vor allen Dingen die Kälte und die Wärme zu erwähnen.

Generell gesagt, Menschen, die mit dem Thema Stress ein Problem haben, besitzen auch keinen emotional ausgeglichenen Haushalt.

Stress führt zu vielen weiteren Bereichen: Angst, Ängste, Nöte, Druck, Psychose, Panikattacken etc. Fluchtreaktion wäre eine Variante, die nicht auftreten sollte.

Angriff anderer Passagiere, aufgrund von Konflikten. Ohnmacht oder gar Bewusstlosigkeit, Schlaganfall, Herzinfarkt, aufgrund dessen, dass sich die Passagiere reingesteigert haben in eine für sie ungewohnte
Situation.

Stress bedeutet aber auch, dass der Körper von außen oder von innen mit einer Aktivierung, von was auch immer antwortet. Dabei unterscheidet man den Negativen, den Disstress und den positiven, den Eustress.

Stress ist immer der Dreiklang
von Körper, Geist und Psyche.

Im normalen Leben, also ohne, dass der Mensch versucht, die Astronauten Urkunde zu erhalten, gibt es schon genügend Faktoren, die entscheiden, ob der Mensch schnell oder noch schneller in Stress gerät.

- Bindungslosigkeit
- Angst
- Psychosomatische Erkrankungen
- Drogenmissbrauch
- Konflikte
- Unzufriedenheit
- Sinnlosigkeit
- Arbeit
- Beziehung
- Familie
- Hektik
- Orientierungslosigkeit
- Wertlosigkeit
- Lifestyle
- Social Media

Man kann sehr schön noch in 3 Phasen unterscheiden.

Phase 1

Das System Mensch wird in eine Art von Alarmzustand versetzt. Jede NEUE, ungewohnte, noch nie da gewesene, wird zum Stressor. Das gilt auch für jede ungewohnte Veränderung und gezwungene Anpassung.

Phase 2

Mobilisierung der eigenen Kräfte: physisch, psychisch, mental, emotional und vielleicht auch spirituell, um der Lage wieder Herr zu werden.

Phase 3

Erschöpfung des Menschen, vor allen Dingen körperlich. Wir sind nicht mehr Herr unserer Lage. Der Körper kommt nicht mehr dagegen an: physisch, psychisch und auch emotional. Das Gleichgewicht geht verloren.

ASTRONAUT ? KANN ICH !

THE SKY IS NOT MY LIMIT

Anbei mal eine wirklich kleine Checkliste, woran du erkennen kannst, ob du Stress hast oder bekommen wirst.

O Zunehmende Gereiztheit

O Konzentrationsstörungen

O Innere Unruhe

O Gefühl von gehetzt sein

O Spaß am Leben selbst – lässt zu wünschen übrig

O Schlafstörungen

O Unzufriedenheit

O Müdigkeit – auch tagsüber

O Alkohol trinken nimmt zu

O Rauchen nimmt wieder zu oder NEU angefangen

O Hyperaktivität

O Orientierungslosigkeit

O Gereiztheit

O Körperliche Symptome – Kopf – Rückenschmerzen

O Körperzuckungen

O Herumnörgeln

Das alleine hier reicht schon aus, um eigentlich bei fast jedem Menschen festzustellen, ob Stress vorhanden ist. Die Frage, die dabei bestehen bleibt, ist: Ist das schlimm?

Ja, weil Stress nur das erste Symptom ist und meistens dann zu Ängsten und oder Panikattacken führen kann. Psychotische Zustände oder auch in Ohnmacht münden wird oder kann.

Gerade die Menschen, die davon überzeugt sind, dass so eine Reise ins All mal so nebenbei ablaufen kann oder wird. Daher haben wir von der *Space Coach Academy®* einen Stresstest entwickelt.

Wir simulieren die verschiedenen Arten von möglichen Flügen. Schwerpunkt hier die suborbitalen Flüge zwischen 80 und 110 km Höhe. Das betrifft derzeit nur die Flüge von Virgin Galactic oder von Blue Origin. Diese sind derzeit wohl am ehesten und schnellstens in der Lage, Flüge regelmäßig in den nächsten 20 Monaten wohl durchzuführen.

Während der Simulation sehen wir eben genau, wo eventuell Stress entstehen könnte. Aufgrund der Ergebnisse können wir nun einen Plan erstellen, um mit diesem gefundenen Stress auf die spezifische Situation adäquat zu reagieren. Das kann sehr unterschiedlich sein, da bekanntlich jeder Mensch eben anders ist.

Wenn jedoch schon in der Simulation Stress gefunden wird, dann sollte auch dem letzten zukünftigen Astronauten klar werden oder klar sein, wieso er mit uns den Space Coaches® zusammen arbeiten, nicht nur sollte, sondern muss.

Wichtig sei hier noch erwähnt, dass wir eine Lösung für den vorhandenen Stress suchen. Und Space Coaches® suchen natürlich bei den jeweiligen Future Astronauten nach eigenen Ressourcen. Und in der Regel wird das auch der Fall sein, dass diese gefunden werden.

Über die Einzelheiten kann man hier leider nicht erzählen, das würde einfach zu viel Platz einnehmen.

Bei Menschen mit *Temperaturschwankungen* werden auch Probleme auftreten können. Der menschliche Körper reagiert unterschiedlich auf hohe und sehr kalte Temperaturen. Schockstarre, kalte Gliedmaßen führen zu Einschränkungen der Beweglichkeit.

Hohe Temperaturen verursachen für viele Menschen etwas Unangenehmes und sie fangen an, sich unwohl zu fühlen.

Der Bereich von Stress unter kühlen Temperaturen und Stress unter wärmeren Temperaturen ist noch einmal ein ganz spannendes und sehr spezifisches Thema innerhalb des Stresses.

Innerhalb von Raumanzügen ist deshalb bei den echten Astronauten immer eine Heizung eingebaut. Ob das dann auch innerhalb der Anzüge für die kommerziellen Future Astronauten mit eingebaut wird? Darauf haben wir keinen Einfluss. Es kommt auf die Reisezeit an und auch auf die Höhe.

Wichtig ist auf alle Fälle, dass die Passagiere wohl eine spezielle Unterwäsche tragen werden. Ähnlich der, die echte Astronauten.

Auch unter dem Aspekt, dass eventuell auch eine Notdurft verrichtet werden muss oder in Bezug auf der Möglichkeit und Wahrscheinlichkeit, dass sich einer der Future Astronauten übergeben könnte.

Auch der Verlust von Flüssigkeit ist hier unter dem Kapitel zu bedenken. Verlust von Körperflüssigkeit führt zu Stress. Das bedeutet man muss darauf achten, dass bei einem Flug über einem Zeitfenster von vielleicht 30 Minuten – Start und Landung inbegriffen, vorher man gut hätte trinken sollen. Jeder wird schwitzen, vor Nervosität. Daher haben wir ja auch empfohlen, eine Möglichkeit in einen Raumanzug mit einzubauen, was das Trinken anbelangt. Das ist auch sehr zu empfehlen im Hinblick auf den Fall, dass sich jemand erbrechen muss. Ausspülen und den Geschmack wieder aus dem Mund bekommen.

In besonderen Notfallsituationen ist es auch ratsam, sich auf alles vorzubereiten. Das bearbeite ich noch im Kapitel Notfälle.

Stress im Allgemeinen kann man sehr schön begegnen mit Entspannungstechniken und diversen mentalen Trainingseinheiten. Muss man, sollte man immer individuell bearbeiten und nicht pauschalisieren!

Stress führt bei nicht Beachtung unter anderem auch wieder zu Angst.

Angst - Ängste

Was bei der Angst im Körper passiert?

Tritt ein Angstmoment ein, so ändert sich unser Verhalten schlagartig. Körperliche Stresssymptome machen sich im Bewusstsein breit und versuchen von hier aus, die Kontrolle über alle weiteren körperlich-seelischen Vorgänge zu übernehmen.

Diese Veränderung im Organismus stellen die Energie bereit, die wir benötigen, um Gefahren zu bewältigen. Mit anderen Worten: Angst macht mobil, und zwar unabhängig davon, ob die Gefahr real ist oder nicht.
Und genau das ist das Problem!

Noch ehe uns die Bedrohung zu Bewusstsein kommt, reagiert schon unser Gehirn. Die Pupillen weiten sich reflexartig. Die Nachricht „Gefahr", die von den Sehnerven übermittelt wird, regt Teile des Gehirns (Thalamus, Großhirnrinde, Hypophyse) zu Botschaften an andere Körperteile an.

Die Nebennieren produzieren Stresshormone wie Adrenalin, Noradrenalin und Cortisol. Diese Stoffe sorgen beispielsweise dafür, dass sich die Gefäße im Oberkörper zusammenziehen und im Unterkörper weiten. Sie steigern ganz allgemein die Leistung von Muskeln, Kreislauf und Atmung.

Das Herz pumpt vermehrt Blut in die geweiteten Gefäße der Beinmuskulatur.

So werden die Muskeln schnell mit Energie für kräftige und ausdauernde Arbeit versorgt.

Die Muskeln bringen sich oft selbst dadurch in Schwung, dass sie zu zittern anfangen. Es entsteht ein allgemeiner Bewegungsdrang, man kann nicht mehr ruhig da sitzen.

An der gesamten Körperoberfläche werden alle Blutgefäße verengt. Das Gleiche geschieht in den Händen und Füßen. Dieses Zurückdrängen des Blutes ins Körperinnere kann im Fall einer Verwundung vor übermäßigem Blutverlust schützen, da das Blut (welches in solchen Momenten sogar auch dickflüssiger wird) durch die verengten Gefäße nur spärlich austreten kann. Die Verengung der Gefäße erklärt auch, warum man in Angstmomenten schnell "kalte Füße" bekommt.

Die Konzentration des Blutes im Körperinneren führt dort zu einem Temperaturanstieg. Dieser wird dadurch ausgeglichen, dass der Körper außen gekühlt wird: Der sogenannte Angstschweiß bricht aus und sorgt für den Temperaturausgleich. Deshalb ist einem oft gleichzeitig "heiß und kalt".

Der Atemrhythmus beschleunigt sich automatisch in dem Maß, wie es für einen schnellen Lauf nötig wäre. Die Brustkorbmuskeln fangen an zu arbeiten, um für den Lauf das größtmögliche Lungenvolumen zu schaffen. Diese Art Atmung erzeugt aber, wenn sie nicht in Bewegungsenergie umgesetzt wird, schnell ein Schwindelgefühl.

Die Leber setzt Zuckerreserven frei und die Bauchspeicheldrüse fährt die Insulinproduktion herunter. So steigt der Blutzuckerspiegel. Auf diese Weise werden mehr Nährstoffe zur Versorgung der Muskulatur in Umlauf gebracht.

Die Stresshormone greifen auch in den Gehirnstoffwechsel ein. Sie blockieren den Gedankenfluss, sodass die Flucht nicht durch umständliche und für diesen Anlass zu langsame Gedanken behindert wird.

So kommt es zum sogenannten *Tunnelblick*: Die Wahrnehmung konzentriert sich auf den Fluchtweg und alles, was sich links und rechts davon befindet, wird ausgeblendet. Denn es würde natürlich die Flucht behindern, wenn man unterwegs anhielte, um Pilze zu sammeln oder ein Sträußchen Blumen zu pflücken.

Gefahr: Dass der *Future Astronaut* versucht die Türe zu öffnen! Fluchtgedanke – Flucht!

Übersicht möglicher Anzeichen bei Angstzuständen:

- Pupillen Erweiterung – schlagartig weiß
- Sehstörungen – Doppelbilder
- Fluchtreflexe – Tunnelblick
- Muskel angespannt und zittern
- Blasse Extremitäten (die man in einem Raumanzug nicht sehen würde)

- Schwindel – Ohrengeräusch – Ohrensausen
- Übelkeit – Würgreflex
- Heiß und Kaltphasen – schwitzen etc.
- Atmung – Luftnot – Hyperventilation – Panikattacken
- Tremor Muskel zittern

- Müdigkeit/Schwäche/Lähmungsgefühl
- Erschöpfung/Ohnmacht
- Heißhunger – Fressattacken (danach wird verlangt)

- Erhöhte Pulsfrequenz bis zum Herzjagen
- Sprache anders – stottern – Wortfindungsstörungen
- Herzschmerzen – Herzrasen – Engegefühl
- Schmerzen Rücken, Kopf, Gelenke, Arme, Beine
- Hitze – Schweißausbrüche

Menschen wie die *Future Astronauten*, die sich in extremen Lebenssituationen befinden, neigen dazu, ihre Ängste unbewusst zu verstärken. Ängste führen u. a. auch zu einer Fluchtreaktion. Kommt innerhalb einer Kapsel nicht gut an. Auch nicht in einem Raumfahrzeug anderer Bauart.

Höhe

Menschen, die über eine Höhenangst verfügen, neigen auch zu Panikattacken, was zwangsläufig zu einem erhöhten Puls, Schweißbildung und auch Ohnmacht führen kann.

Desensibilisierung

Sich langsam den Ängsten zu stellen. Lernen mit der Angst und den Ängsten umzugehen. Traumata Arbeit. Blockaden lösen, Glaubenssätze entfernen. Das ist der Weg, den wir als Space Coaches® benutzen und gehen, damit der *Future Astronaut* eben keinerlei Angst oder deren Formen bekommen wird, während seines Fluges.

Wir trainieren und coachen in diesem Bereich wirklich massiv. Angst, Ängste in welcher Form auch immer, sind das Salz in der Suppe und können einem den ganzen Flug versauen. Daher arbeiten wir sehr intensiv mit den Future Astronauten.

Eine wichtige Basis ist hier die Arbeit mit den Emotionen. Wo wir ja schauen, dass die kommerziellen Passagiere einen ausgeglichenen Haushalt im Bereich der Emotion besitzen.

Wie kann man auf Toilette gehen?

Notdurft – Menschen, die den Drang verspüren, zur Toilette gehen zu müssen, haben Druck. Druck nicht nur auf der Blase oder dem Darm, sondern auch psychischen Druck. Teilweise extrem hohen psychischen Druck.

Das führt beizeiten bis zu Pulserhöhungen und Blutdruckerhöhungen, Schweißbildung, Bauchkrämpfen, Unterleibsschmerzen etc. Es sind auch nicht selten Fälle bekannt, dass Menschen einfach ohnmächtig werden.

Bei untrainierten Menschen kommt es in relativ kurzer Zeit zur unkontrollierten Entleerung des Darmes oder der Blase. Dieses ist wieder mit unangenehmen Gerüchen verbunden und mit Ekel und Scham. Kann jedoch auch einhergehen mit Trauer, Wut und Frustration. Gerade hier besteht die Gefahr eines Zurückziehens auf ein kleinkindliches Verhalten. Gleichzusetzen mit zusammengekauert in der Ecke sitzend oder einfach nur Schockstarre mäßig, angewurzelt verharren. Es wird auch in beengten ähnlichen Räumlichkeiten von Ohnmachtsanfällen berichtet.

Nervöses Blasenleiden kommt kurz vor dem Start leider auch ganz schlecht. Harndrang – Notdurft.

Druck auf der Blase – Druck im Leben, ist nicht nur ein netter Spruch, auf den wir allerdings im Space Coaching® aufbauen können. Wir müssen hier wirklich trainieren, es gerade beim Harndrang, länger auszuhalten. Da machen wir uns eine Technik zu Nutzen, die im Krankenhaus gerne eingesetzt wird. Dass man über bestimmte Tage hinweg, sehr viel trinkt: Tee, Bier, Wein, Kaffee – da ist so einiges möglich. Das nennt man dort ein Uroflow.

Eigentlich will man testen, ob sich die Blase komplett füllen kann und ob sich diese auch komplett entleert. Das sogenannte Nachtröpfeln ist dann eben ein Beleg dafür, ob das Entleerungsverhalten in Ordnung ist oder eben doch pathologisch sein könnte.

Das ist zum Beispiel etwas, dass können die kommerziellen Passagiere wunderbar daheim trainieren. Das Ergebnis sollte sein, dass ich dadurch eben den Harndrang länger aushalten werde. Manchmal kann es so einfach sein. Wir reden ja hier von vielleicht einer Stunde, wenn es um einen suborbitalen Flug gehen sollte.

Wenn wir über orbitale Flüge reden, also auch von der Zeit her von mehreren Tagen reden, dann müssen andere Techniken her.

Hier greifen dann wohl Modelle, wie man sie auf der internationalen Raumstation findet. Das kann man dann allerdings auch auf der Erde schon trainieren. Es bedarf wirklich etwas Übung, zu zielen und mit einer Art von Vakuumpumpe oder Staubsauger Technik. Dabei spielt es keine Rolle, für welches Geschäft man es gebrauchen muss.

Wir trainieren vor allen Dingen das Schamgefühl und die Überwindung des Ekels. Es kann eben passieren, dass die Future Astronauten ihr kleines Geschäft innerhalb des Raumanzuges verrichten könnten, vielleicht sogar müssen.

Selbiges gilt natürlich auch für den Stuhlgang. Die Problematik ist, wie schon erwähnt, vor allen Dingen die Tatsache, dass wir als Erwachsene Menschen gelernt haben auf die Toilette zu gehen und im Normalfall, seitdem 4 oder 5 Lebensjahr nicht mehr so einfach in die Hose zu machen.

Das ist eine Kopfsache. Und das hat mit Scham zu tun und eben mit Ekel. Auch ganz viel mit Überwindung. Und dann auch mit Geruch. Daher trainieren wir ja auch den Geruchssinn. Und hier kommt dann noch das Gefühl dazu, also die Haptik. Man spürt es, wenn es passiert.

Für die meisten wird es auch peinlich sein, wenn es passiert. Darum trainieren wir generell prophylaktisch.

Mentaltraining ist hier mehr als nur angebracht. Auch im Umgang was vielleicht die anderen von einem jetzt denken könnten.

Hygiene generell

Hygiene ist natürlich auf den suborbitalen kommerziellen Flügen, für die Passagiere etwas Heikles. Während eines Fluges von vielleicht 60 Minuten, wird man nicht viel machen können.

Dazu muss man davon ausgehen, dass die meisten wohl mit einem Raumanzug fliegen werden. Das heißt, so einfach mal die Hände waschen, oder duschen funktioniert sowieso nicht.

Daher konzentriert sich die Hygiene vor allen Dingen auf zum Beispiel spezielle Unterwäsche. Die eben Schweiß absondert und nach Möglichkeit auch den Geruch gleich mit.

Das gibt es auch schon und wird auch eingesetzt. Gleiches gilt auch für Urin und Stuhlgang. Auch hier ist die Wäsche so, dass die sehr saugfähig sein wird. Aber nicht verhindert, dass man es spürt.

Auch die Thematik des Erbrechens spielt ja hier mit rein. Da habe ich ja schon drauf verwiesen, dass man bei uns lernt, wie man sich richtig übergeben sollte. Den Geruch wird man ertragen müssen, wenn man mit einem Raumanzug fliegen sollte.

Bei orbitalen Flügen für kommerzielle Passagiere gibt es diesen Raumanzug auch mit ähnlicher Unterwäsche natürlich und deren Funktionen. Hier greift dann aber mehr auch die Möglichkeit, auf ein WC zu gehen. An die Technik muss man sich gewöhnen.

Die echten Astronauten putzen sich ganz normal die Zähne und spucken das Wasser allerdings in eine Recyclinganlage rein.

Wasser ist extrem kostbar auf der internationalen Raumstation, aber auch sonst im Universum. Daher wird Wasser immer und immer wieder aufgearbeitet. Das gilt für den Kaffee, den Urin – alles wird wieder aufbereitet, so gut es eben geht.

Duschen gibt es so nicht und wird es auch nicht für die Future Astronauten geben, sondern sogenannte Nasstücher.

Die Wäsche wird erst zwischen 2 und 5 Tagen gewechselt. Unterwäsche, Socken alle 3 Tage. T-Shirts circa alle 5 Tage. Und so weiter. Die Schmutzwäsche wird Vakuum verpackt und entsorgt in einem Müllmodul. Dieses wird irgendwann von der ISS zum Beispiel abgedeckt und dann verbrennt das einfach alles.

Man muss gerade bei längeren Aufenthalten von kommerziellen Passagieren darauf achten und folglich dessen trainiere, den Umgang mit Gerüchen.

Der Geruch in so kleinen Räumen nimmt sehr schnell zu und wird teilweise unerträglich. Wenn man also ein feines Näschen haben sollte, empfehle ich dringend, die Desensibilisierung mit unseren Geruchsstoffen.

Der Satz: Ich kann den nicht riechen. Dieser Satz bekommt da eine ganz neue Bedeutung.

Neurologische Parästhesien

Umgang mit neurologischen Parästhesien. Als Beispiel dient hier Nase jucken und oder ähnliches.

Die Nase juckt bei den meisten Menschen immer mal. In den Helmen der echten Astronauten und gerade bei den Außeneinsätzen gibt es vorne eine Möglichkeit, durch Kopf nicken, sich im Helm die Nase zu kratzen. Ein extrem hilfreiches Instrumentarium.

Auch dieses ist auch hoffentlich mit in der Planung der kommerziellen Raumanzüge für die Passagiere, der suborbitalen und der orbitalen Flüge.

Natürlich gibt es dieses Phänomen auch an anderen Stellen des Körpers. Doch da kommt man ja hin. Wenn auch nicht so super fein, aber man kommt ja hin. Durch Reiben wird der Druck automatisch leichter und damit weniger.

Regeln - Verantwortung

Um sicherzugehen, dass der Passagier auch Regeln befolgen kann und sich auch dann dran hält, müssen wir auch welche erstellen.

Wie benutzt er Rituale, wenn er welche hat? Abläufe etc. werden so einfach überprüfbar, auf deren Sinnhaftigkeit.
Wir erarbeiten mit den Passagieren den genauen Ablauf seines Weltraumfluges. Wir simulieren diesen immer und immer wieder in einer Trance ähnlichen Sitzung.

Dadurch gehen wir mental immer wieder die Abläufe durch. Ähnlich wie das auch Bobfahrer oder Alpine Ski Läufer machen. Beide gehen mental den genauen Ablauf durch.

Das trainieren wir immer und immer wieder. Es trägt zur Sicherheit bei. Selbstsicherheit und Selbstvertrauen wird dadurch massig gefördert. Die Sicherheit zu haben, dass man es schaffen kann. Dass man einen Weltraumflug meistert und dann am Ende auch die Urkunde in der Hand zu haben, dass man jetzt auch ein „Astronaut" ist.

Der Ablaufplan, das Regelwerk wird natürlich von den Anbietern vorgegeben und richtet sich auch nach technischen Anweisungen und Vorschriften, Ablaufplänen etc.

Ebenso muss das Regelwerk für Notfälle in einer Kapsel oder in einem anderen Raumfahrzeug genauestens trainiert werden.

- Was muss gemacht werden?
- Wer macht was?
- Welche Positionen sind einzunehmen?

Das geschieht natürlich in Abstimmung mit den jeweiligen Gesellschaften.

Zum Beispiel – Feuer an Board

Bemerken und sofortige Kontaktaufnahme mit der Bodenstation. Sollte der Space Coach® an Board sein, dann mit dem! Absprache, Anweisung, was jetzt zu tun ist. Der Blick, bzw. die Kommunikation muss folglich, achtsam und zielgerichtet sein. Durch das Trainieren der möglichen Abläufe entsteht keine Panik. Es gibt verschiedenste Arten und Weisen nach Feuer zu rufen. Wir trainieren die Sachlichkeit, aufgrund von Beobachtung/Wahrnehmung.

Verhaltensregeln sind enorm wichtig und müssen noch gesondert festgelegt werden. Das richtet sich nach der Art des Fluggerätes und den damit verbundenen technischen Gegebenheiten.

Unerlaubtes Abschnallen kann das eigene Leben gefährden, aber auch die, der anderen Passagiere.

Rechtzeitiges Wiederanschnallen – kurz bevor der Sinkflug wieder beginnt.

Es muss also ein Regelwerk geben für den gesamten Flug. Dazu für Notfälle technischer Art. Für medizinische Notfälle und auch für psychische Notfälle. Und klar auch für Notfälle, mit denen man gar nicht rechnen kann, weil es fast unmöglich ist, dass das überhaupt passieren könnte.

Achtsamkeitstraining

Der Passagier soll lernen auf sich zu ACHTEN. Was ist wichtig, damit er diesen Flug, dieses Abenteuer übersteht und genießen kann? Ebenso soll er trainieren auf seine Umwelt acht zu geben.

Achtsamkeit wird trainiert im Rahmen des mentalen Trainings. Es geht vor allen Dingen darum, dass die *Future Astronauten* lernen, im Hier und Jetzt zu sein.

Das ist deshalb so wichtig, damit diese dann die paar Minuten, auch wirklich wahrnehmen und genießen können. Im Hier und Jetzt eben.

Wir reden auch gerne von der Langsamkeit des Seins. Deines Da-Seins. Bewussteres Leben.

Mit allen Sinnen, dein Leben wahrzunehmen. Egal wo, aber nicht egal wie?

Fokussierung auf den Moment.

Zu verinnerlichen, dass jeder Moment deines Lebens nie so wieder kommen wird, wie es mal war. Jede Sekunde, Minute, jede Stunde, jeder Tag kommt garantiert nie genauso so wieder, wie es mal war.

Daher ist jeder Versuch, wirklich jeder Versuch einer Wiederholung zum Scheitern verurteilt.

Die Einzigartigkeit des Momentes wird einem dann immer sehr schnell bewusst. Der Genuss des Lebens steht im Vordergrund. Dadurch wird jeder bei seiner Rückkehr von dieser fantastischen Reise auch darüber berichten können.

Die Konzentration auf die paar Minuten zu genießen, wird immer und immer wieder trainiert.

Man erreicht das zum Beispiel durch Atemübungen oder durch Meditationsübungen. Das sind aber nur zwei Beispiele.

Fehler - Helfer Training

Welcher Mensch scheitert schon gerne. Keiner!

Wir trainieren mit dem Passagier, das Scheitern von diversen Situationen der Mission. Das geht in den Bereich von Notfallszenarien zu durchlaufen, also zu simulieren.

Scheitern ist keine Option. Und Scheitern bedeutet nur, dass man einmal mehr aufstehen muss. Und einfach weiter machen.

Scheitern ist kein Makel, sondern wenn man die Buchstaben von *FEHLER* anders einsetzt, entsteht das Wort: *HELFER*. Also ein *HELFER* für die Zukunft.

Das ist aber nur eine Möglichkeit, wie man sich einen kleinen aber feinen neuen Rahmen, sprich, Bedeutung erschaffen kann.

Das Thema: Scheitern ist ein beliebtes Thema vor allen Dingen im Kontext bei den Erstlingen. Dort trainieren wir gerne mit vor allen Dingen Führungskräfte, damit diese nicht ihre Fehler, unter den Teppich kehren wollen. Zu viele machen das leider. Der Schaden ist enorm und geht bei manchen Firmen pro Jahr in die Millionen.

Wenn du also nun versuchst bei deinem suborbitalen Flug oder bei einem orbitalen Flug, deinen wie auch immer gearteten Fehler vertuschen möchtest, dann ist das ziemlich doof. Du riskierst dann dein eigenes Leben und das Leben der anderen Passagiere. Und dazu kommt noch ein Sachschaden von etlichen Millionen.

Auf der ISS ist es so, dass man sich freut, wenn, wer auch immer Fehler findet. Den Fehler finden bedeutet, dass noch nichts Schlimmes passiert ist, dass noch keiner gestorben ist oder sterben könnte. Und jede Menge an Milliarden von Dollar, Euro oder Rubel konnten gerettet werden.

Entscheidungen

Du hast die Entscheidung getroffen, dieses Buch zu kaufen, das freut mich sehr. Aber wieso hast du es gekauft? Was hat dich bewegt, es zu kaufen? Das ist die Frage aller Fragen!

So laufen auch grundsätzliche Entscheidungen oder die Findung zu einer anstehenden Entscheidung ab.

Wir checken mit den Passagieren ab, wie diese ihre Entscheidungen unter normalen Bedingungen treffen würden oder dann auch werden. Dann versetzen wir die Passagiere in Stress und schauen was dann passiert.

Daraus können wir sehr gut ableiten, wie der kommerzielle Passagier jetzt reagieren könnte, während des Fluges.

Hierarchie bei Entscheidungen.

Wer ist der Verantwortliche? Wer hat an Bord der Kapsel oder einem anderen Fluggerät das sagen? Den Anweisungen ist Folge zu leisten, egal wer was zu sagen hat!

Regeln und An-/Einweisungen wie bei einem normalen Flug reichen hier nicht aus. Das sollte und muss im Vorfeld geschehen. Daher wird auch im Vorfeld eine direkte und klare Kommunikation trainiert.

Die echten Astronauten lernen im Übrigen sehr intensiv, dass es egal ist, wer eigentlich das sagen hat. Wenn es zum Beispiel ein

Problem geben könnte, dann ist es egal, wer die Lösung kennt. Wichtig ist es, dass jemand eine Lösung parat hat. Ich finde, das wäre eine wunderbare Idee für jedes Team in einem Unternehmen. Eine Fachabteilung oder wie auch geartetes größeres Team in einem Unternehmen. Da können die Erdlinge, egal in welcher Position sich diese befinden, noch eine Menge von den echten Astronauten lernen.

Das Entscheiden bedeutet aber auch, dass sich Menschen von etwas „scheiden" lassen wollen oder müssen. Das ist ein großer Unterschied, ob ich etwas zulassen muss oder will oder darf. Muss bedeutet immer massiver Druck. Darf, ist mehr eine Freiwilligkeit. Will, bedeutet mehr ich will es wirklich, wahrscheinlich eine Inspiration. Das „ENT" bedeutet, dass etwas zu Ende geht. Und das will da oben doch niemand.

Rein psychologisch betrachtet sind mir da Menschen generell lieber die gerne das Wort: *Verantwortung* benutzen. Das sind Menschen, die haben eine Antwort auf das, was einen gerade beschäftigt.

Es gibt ein Problem. Dann gibt es auch einen Menschen, der eine Antwort darauf weiß. Die berühmte Lösung vielleicht hat.

Verantwortung übernehmen. Da steckt dann auch noch das „WORT" drin. Die Taten kommen dann später. Sprich der „UMSETZER".

ASTRONAUT ? KANN ICH !

Sterben - möglich

Niemand sollte sich der Illusion hingeben, dass nicht irgendwann auch hier einmal Unglücke passieren werden. Sprich, zu einem Unfall mit wahrscheinlicher Todesfolge kommen kann oder ganz bestimmt kommen wird.

Sich mit dem eigenen Tod daher zu befassen, bleibt zwangsläufig nicht aus.

Wir begleiten die kommerziellen Passagiere gerne bei diesem Prozess. Dazu gehört, sich gezielt mit dem Sterben auseinanderzusetzen und so Dinge wie: Testament machen, persönliche Dinge zu regeln, die man schon immer regeln wollte oder auch mit der Familie ganz offen darüber zu sprechen.

Der Tod ist das Ende. Das Ende, das die meisten Menschen meistens nicht wahrhaben wollen. Wir begleiten die kommerziellen Future Astronauten natürlich auch hier. Was heißt denn hier begleiten?

Ich gehe schon mal her, bei meinen Kunden/Klienten und stehe mit denen an einer Ampel, um diese zu überqueren. Und während wir da so stehen, sage ich Folgendes:
„Wenn ich Sie jetzt schubse, ganz kurz bevor der LKW vorbeifährt, dann sind Sie sehr wahrscheinlich tot."
„Aber das machen Sie ja nicht?"
„Und wenn doch? Dann sind Sie tot? Und was ist dann mit Ihnen? Schon mal dran gedacht?"

Eine Situation, die niemand möchte, die aber passieren kann. Niemand weiß, wie lange er oder sie leben wird. Und ich möchte auch nicht, dass es jemals passiert, aber die Wahrscheinlichkeit ist sehr groß.

Ich würde mich tierisch freuen, wenn die Statistik rückblickend aus der Sicht des Jahres 2031 sagen würde: "Das Fliegen in den suborbitalen Raum ist sicherer als das normale Fliegen. Es sterben mehr Menschen im Haushalt und auf der Straße."

Das ist bitte kein Sarkasmus und auch kein Trost. Schon gar nicht für diejenigen, die betroffen sein werden und deren Angehörige.

Meine Tochter hat zu mir gesagt, nachdem sie wusste, dass ich auch fliegen möchte, wenn ich dürfte: „Papa, wenn du nicht heil wieder kommst, also lebendig, dann versohle ich dir so was von deinen A…"

Meine Tochter ist mittlerweile 17 und hat alles recht der Welt, genau das zu mir zu sagen. Ich habe erwidert, um ein wenig den Spaß reinzubringen: „Dann bin ich doch Tod und je nachdem kannst du da gar nichts mehr versohlen, weil nichts mehr von mir da sein wird."

Meine Tochter ist sehr schlagfertig: „Glaube mir Papa du wirst es noch spüren." Kindern sollte man nie widersprechen.

Gerade die geführten Gespräche mit der Familie oder unter Umständen auch die erweiterte Familie sind extrem wichtig. Ein gutes Beispiel wie wichtig das ist, findet man im Film, aus dem Jahre

2019: „Aufbruch zum Mond." Hier wird die Geschichte erzählt von Neil Armstrong und der ersten Mondlandung, die im Jahre 2019 – 50-jähriges Jubiläum feierte.

Dort wird sehr schön aufgezeigt, welchen Kampf auch Neil Armstrong führte, mit sich selbst und seiner Familie. Seine Frau sagte: „Du wirst deinen Kindern sagen, dass du eventuell nicht zurückkommst. Du wirst es ihnen sagen, und zwar jetzt."

Das Hinausschieben der möglichen Thematik, nämlich des Todes, ist ein Thema, dafür gibt es nie den richtigen Zeitpunkt. Nie, egal was man sich hier auch vornimmt.

Ich weiß aus eigener Erfahrung, dass es nie den richtigen Zeitpunkt gibt. Wenn du eine Diagnose bekommst, wo dir dein Arzt erzählt: „Es tut mir leid, aber wenn Sie Glück haben, bleiben ihnen noch 6 Wochen. Vielleicht ein wenig mehr."

Wem willst du jetzt davon zuerst erzählen? Das ist die große Frage. Zuerst macht man das mit sich selbst aus. Danach kommen dann die anderen Menschen. Die Reihenfolge wird dann nicht entscheidend sein. Es wird bei jedem Menschen anders sein.

Wenn man so eine Reise ins All durchführt, da kommt man eben nicht so schnell drauf, sich mit dem Tode zu beschäftigen. Die meisten Menschen wollen sich doch lieber auf das Abenteuer vorbereiten, den Genuss trainieren oder darüber berichten, wie viel Freude das wohl machen wird.

Es ist aber keine Flugreise. Und selbst da sterben Menschen. Und meistens auch unvorbereitet. Das gilt auch für eine Zugreise oder mit dem Auto. Der Mensch an sich möchte es nicht wahrhaben und möchte sich lieber mit dem Leben beschäftigen.

Das ist ja auch gut so. Man muss den Tod schließlich nicht leben, sondern sollte das Leben, feiern, sprich leben.

Dafür haben wir mindestens einen Tag vorgesehen. Das Ganze basiert auf das „Astronaut to Astronaut" Program, das die NASA immer schon angewendet hat.

Wir haben dies als Basis genommen und auf die Welt der Weltraum-Passagiere adaptiert, die wohl maßgeblich aus dem Business kommen werden. Der Space Coach® redet mit dem Passagier über den Tod.

Welche Vorkehrungen wurden getroffen, wenn überhaupt welche getroffen worden sind? Die Familie wird mit eingebunden, die Freunde, die wichtigsten Menschen in seinem Umfeld eben. Testament? Vorsorge Vollmacht?

Wir stehen auch während des Fluges der Familie zur Verfügung, wenn der Kunde das wünscht. Danach, also nach der Rückkehr, stehen wir wieder ganz dem Kunden direkt und unmittelbar zur Verfügung. Vielleicht hatte er sogar ein Nahtod Erlebnis. Echte Astronauten haben davon schon berichtet und empfanden es als extrem positiv, dass jemand zur Verfügung stand, mit dem man reden konnte.

Mit der Möglichkeit des Sterbens befassen sich vielleicht wenige Menschen, aber mit der Religion schon wieder mehr Menschen. Daher werden uns gerne mal Fragen gestellt, die eben mit der Religion im weitesten Sinne zu tun haben.

Wie nahe bin ich Gott? Oder wie immer man ein höheres mögliches Wesen bezeichnen möchte.

Am Anfang hatte ich hier leider keine Antwort parat. Einige Astronauten, die schon im All waren, hatten dann aber eine tolle Antwort parat: „Rein kilometertechnisch ist man welchem Gott auch immer näher."

Was passiert, was macht es mit einem Menschen, wenn man sich so intensiv auf einmal mit dem Tod befasst?

Nun ja, man bekommt das, was die Astronauten sehr gerne mit DEMUT bezeichnen. Du gewinnst mehr an Achtsamkeit für dich und andere. Selbiges gilt aber auch für den Respekt und die Toleranz. Dein innerstes wird einfach anders wahrgenommen.

Ich garantiere, dass die geführte Beschäftigung mit dem möglichen Tod, das Leben eines jeden Menschen verändern wird.

DranBleiben - Nicht aufgeben

Der Mensch an sich möchte schon DranBleiben an den Themen seines Lebens. Sobald er dafür aber seine Komfortzone verlassen muss, wird es kritisch.

Daher trainieren wir genau diese Thematik mit den Future Astronauten. Denn sollte es einmal einen Durchhänger geben, dann wäre es doch ganz gut, wenn man vorbereitet wäre, oder nicht?

Wir haben das aus den unterschiedlichsten Gründen mit eingebaut. Da geht es zum einen darum, dass der Future Astronaut doch jede Menge an Geld bezahlt hat und zurückziehen, also stornieren, ist da auch nicht immer so einfach. Daher wäre es doch ganz gut, einen Plan B in der Hinterhand zu besitzen, damit da alles gut gehen kann. Das DranBleiben dient also auch dazu, dass der Kunde letztendlich auch fliegen wird oder soll.

Auch während der Vorbereitung kann es oder wird es immer wieder Situationen geben, die nicht so einfach sein können und meistens dann auch werden. Nehmen wir als Beispiel die Zero Flight Flüge. Du übergibst dich beim Flug und findest es peinlich, weil sich sonst keiner übergeben hat. Dann neigt das Unterbewusstsein doch sehr schnell dazu dem Menschen, je nach anderen Lebenserfahrungen, zu sagen: Lass es lieber, das wird nur noch schlimmer werden.

Dann ist es gut, sich mit dem Thema des DranBleibens zu beschäftigen. Aufgeben gibt es nicht. Das gilt eben nicht.

Das System ist relativ einfach. Also das System im Menschen innerhalb der Psyche. Du interessierst dich für diesen Weltraumflug und bist daher sehr neugierig auf alles, was da kommt. Das ist ja noch alles super.

Doch dann kommen die ersten Rückschläge, welcher Art auch immer. Und bringen dich ganz schnell auf den Boden der bescheidenen Tatsachen. Jetzt bist du dann nüchtern von deinem Rausch. Motivation ist fast nicht mehr vorhanden.

Jetzt brauchst du auch dein DranBleib Gen. Aufgeben gilt nicht bitte. Das willst du doch gar nicht.

Schaue dir mal das Beispiel von Felix Baumgartner an. Der hatte 2012 seinen spektakulären Stratosphären Sprung. Wer es damals nicht mitbekommen hatte. Er sprang aus einer Kapsel, die mittels Ballon auf eine Höhe von 39 km gebracht wurde. Dann sprang Felix aus dieser Kapsel mit einem Fallschirm ab. Das Besondere daran war eben auch, dass er einen Spezialanzug anhatte.

Es gab eine Zeit, wo Felix im Rahmen der Vorbereitungen, nicht mehr springen wollte. Laut seiner Aussage hatte er kein Gefühl, wie er den Anzug meistern sollte.

Er hatte keine Ahnung, wie er das Gerät in den Griff bekommen sollte. Und er wollte auch mehr oder weniger aufgeben und alles hinschmeißen. Er wusste einfach nicht weiter. Doch dann entschied er sich, es mit einem mentalen Coaching zu versuchen. Zur Unterstützung.

In dieser Phase der Ernüchterung war das Dranbleiben enorm wichtig. Und das tat Felix, er blieb dran und erlangte so wieder die Sicherheit, die er brauchte.

So gelangte Felix eben wieder zur jenen Selbstsicherheit und erlebte so in der Phase des DranBleibens einen mentalen Erfolg. Und wenn du den mentalen Erfolg erlebst, dann erlebst du auch den Erfolg um das, worum es auch immer gehen mag.

In deinem Fall dann deinen Flug in den suborbitalen Weltraum. Du siehst, Aufgeben gilt nicht und ist nicht.

Das Training mit dem DranBleib-Gen ist, wie du gerade bestimmt bemerkst, ein wichtiges auf deinem Weg zu deinem Abenteuer oder deinem Traum, einmal die Erde von oben sehen zu können. Auch, wenn man nur einen kleinen Ausschnitt der Erde sehen wird. Es lohnt sich bestimmt.

Wenn du dir die Bilder von dem Sprung von Felix Baumgartner anschaust, dann musst du das Ganze, was den Ausblick anbelangt, nur einfach mal 4 nehmen ungefähr, dann weißt du, was du sehen wirst oder kannst. Wenn du einen suborbitalen Flug gebucht hast.

Kommunikation - Interpretationsfrei

Ebenso trainieren wir die Kommunikation, und zwar speziell die der interpretationsfreien Kommunikation, damit eine klare und direkte Sprache, die Entscheidungen innerhalb der Kommunikation nicht beeinflussen kann und wird. Hier haben wir speziell Erfahrungen gesammelt seit mehr als 10 Jahren.

Gerade, wenn die Weltraumtouristen wiederkommen, wollen sie über ihre Erlebnisse berichten. Den meisten wird dies ohne ein Training verwehrt bleiben.

Sprachlosigkeit ist ein weit verbreitetes Phänomen innerhalb der echten Astronauten. Daher trainieren wir mit den kommerziellen Passagieren auch den Umgang mit den Medien und insbesondere wie man aus Sprachlosigkeit, wieder Kommunikation herstellen kann. Menschen mit einer generellen Kommunikationsstörung neigen dazu, zu schweigen. Das wäre in dem Fall jedoch fatal.

Eine grundlegende Kommunikation ist aber Grundvoraussetzung. *Interkulturelle Sozialkompetenz* – zur besseren Findung mit den mitfliegenden Gruppenmitgliedern. Dient auch des friedlichen Umganges mit den anderen. Besonnenheit beim Miteinander, untereinander.

Wir versuchen, hier im Rahmen des Trainings eben die Kommunikation zwischen den Sprachen und Kulturen zu fördern. OK sprachlich geht es ja derzeit nur mit englisch. Aber trotzdem gibt es wahrscheinlich einige Hürden zu überwinden.

Körpersprache, Stimme, Psycho-Physiognomik

Training soll dem Passagier Sicherheit geben, im Umgang mit anderen. Somit gibt es aber auch dem Future Astronauten mehr Selbstsicherheit.

Und auch im Erkennen von Situationen, eben diese erkennen zu können, ob sie wirklich gewollt oder angesagt sind. Die Interpretation und seine Möglichkeiten werden stark eingeschränkt.

Körpersprache begrenzt auf den vorhandenen Raumanzug oder Suite. Eingeschränktes Sichtfeld. Anderes Verhalten durch Bewegungseinschränkung. Dadurch beschränkt sich auch die Physiognomik sehr auf das Gesichtsfeld, die Nase – die Ohren fallen weg und vielleicht noch die Stirn.

Körpersprache an sich bezieht sich mehr auf größere Bewegungsabläufe. Also einen größeren Radius, als ohne Raumanzug.

ASTRONAUT ? KANN ICH !

Kommunikationsmodelle

Im Speziellen die Trias des Sprechdenkens. Denken – Fühlen und Sprechen gehören zusammen und bilden stets eine Einheit. Als Passagier bekommt man hier ein Gefühl dafür, wie sich Mitreisende oder er/sie selber sich fühlen könnten.

Folgende Positionen werden eingenommen. Ein denkender Sprecher, dem die Emotionalität fehlt. Ein emotionaler Sprecher, dem das Denken abhanden gekommen ist. Und dann gibt es noch den, der Denken kann und eine hohe Emotionalität besitzt, der aber nicht zum Sprechen kommt.

Das führt eben dazu, dass jeder eine neue, andere Sichtweise auf seine eigene Person im Umgang mit der eigenen Kommunikation bekommt.

Die Steigerung hier ist noch, dass wir auch noch ein Storytelling betreiben. Hier erzählt er oder sie seine Geschichte. Zum Beispiel die von einem tollen Flug. Und während man erzählt, kommen von außen ständig Stimmen dazu, die das toll finden, was er gemacht hat und für fantastisch und sensationell.

Gleichzeitig kommen aber auch Stimmen dazu, die alles nur Mist finden, was der Future Astronaut so gemacht hat oder noch machen wird. Alles wird hier negativ geredet.

Und dann kommen noch andere Stimmen dazu, die ständig Komplexe Fragen an den Future Astronaut stellen. Diese haben die Absicht, diesen aus dem Konzept zu bringen.

Wie geht also der Future Astronaut mit der negativen und der positiven Kommunikation um? Wie mit den Fragestellern?

Das lässt super Rückschlüsse zu, wie du später mal mit den Medien umgehen kannst oder auch nur in deinem Freundeskreis. Das Kapitel kommt zur Sprache, in dem Kapitel: Medien.

Kommunikation Headset funktioniert nicht.

Die Kommunikation ist ein extrem wichtiger Aspekt für einen kommerziellen Passagier eines Weltraumfluges. Die Kommunikation geschieht wohl mittels Kommunikationsheadsets. Wir empfehlen hier Silent Kopfhörer, die den restlichen Schall unterdrücken, sprich Geräusche. Das sind Empfehlungen, die wir den Unternehmen vorgelegt und präsentiert haben.

Nimmt der Mensch in einer extremen Lebenssituation Geräusche wahr, die er vorher noch nie gehört hat, werden diese unter Umständen extrem nervig.

Ein psychotischer Schub könnte hier eine Panikreaktion auslösen. Dieses wäre während des Flugs ein erhöhtes Sicherheitsrisiko. Die Stimme des Senders auf der anderen Seite muss für den Passagier eine angenehme, vertrauensvolle, sympathische sein. Eine hysterisch klingende, aufgeregte Stimme führt in dem Fall nicht zu einer Beruhigung der Situation. Eine gute Stimme wird für das Selbstverständnis der eigenen Sicherheit sorgen.

Das gilt auch für die Dialekte. Die Sprache muss oder sollte verständlich sein, schließlich muss der Kunde auch der englischen Sprache einigermaßen mächtig sein. Wir trainieren hier bestimmte Sprachtechniken, mit der man sehr gut einen Dialekt so weit entfernen kann, dass es mit dem englischen Verständnis, sprich der Aussprache, dann auch klappen wird.

Druckausgleich – Tinnitus

Ebenfalls muss man vorbeugen bezüglich des Tinnitus oder dessen Phantom auftreten, auch emotionaler Tinnitus genannt. Daher ist es extrem wichtig, mit den kommerziellen Passagieren, mit ihrem Gleichgewichtsorgan zu trainieren. (Siehe auch hier Orientierung)

Abbruch des Startvorganges

Aufgrund technischer Probleme – hier ist die Kommunikation erst Recht gefordert. Klare, direkte Sprache und es werden auch Szenarien trainiert, die den „Eingeweihten", also diejenigen, die vielleicht öffentlich mithören könnten, nicht vertraut sein werden. Es wird hier Schlüsselsätze geben.

Man darf sich das so vorstellen, auch in der Fliegersprache gibt es Sätze, wo die Crew in einem normalen Passagierflugzeug genau weiß, was die nächsten Schritte sein müssen oder eben in welcher Situation man sich befindet. Das ist für den normalen Passagier nicht zu erkennen, wenn man es nicht weiß oder kennt.

Sprachkommunikation/Insassen Kommunikation

Selbst die muss vorher trainiert werden, damit nicht alle durcheinanderreden. Die Kommunikation innerhalb einer Kapsel wird so aufgebaut sein, dass man nicht alle Stimmen, auch der anderen Passagiere, hört, sondern lediglich die Stimme des Chief of Communication. Die anderen Passagiere können zugeschaltet werden.

Wie gehe ich mit der Stille um?

Stille ist nicht wirklich etwas Angenehmes, zumindest für die meisten Menschen. Daher trainieren wir eben auch mit diesen Silent Kopfhörern. Sollte die Technik womöglich ausfallen, also es gibt keine Möglichkeit der auditiven Kommunikation, dann muss es einen Plan geben! Ruhe bewahren und mit den verabredeten Handzeichen, sich unterhalten.

Die Stille selbst kann dann anders genützt werden. Bewusster eingesetzt werden. Es ist nur wichtig, das auch zu trainieren.
Bitte hier einfach mal vorstellen, dir passiert das im Alltag, dass du zum Beispiel nicht mehr sprechen könnest. Zum Beispiel, weil du einen Schock hast, nach einem Unfall. Das kommt gar nicht mal so selten vor.

Dann bist du oder wärest du sehr glücklich, wenn du dich mit der Zeichensprache schon einmal beschäftigt hättest. Oder mit einer Handzeichensprache, die du speziell mal gelernt hast.

Das gilt nicht nur für die Stimme, wenn die wegbleibt. Das gilt auch für das Hören, das könnte ja ebenso mal schnell wegfallen. Auf der Erde ist das meistens der Hörsturz.

Und die Kommunikation funktioniert auch dann nicht, wenn ich nichts mehr sehen könnte. Da viele Menschen unbewusst ohnehin Lippen lesen betreiben. Es aber nur oder meistens in der Kombination mit *HÖREN* funktioniert.

Daher trainieren wir die Kommunikation in seiner exzellenten Vielfalt. Was macht das mit einem Menschen, diesen Anblick zu sehen? Die Erde von oben. Das hatte ich ja schon mal beschrieben. Demut entsteht.

ASTRONAUT ? KANN ICH !

ASTRONAUT ? KANN ICH !

Teambildung

Die Teambildung wird zum Beispiel von uns, wenn überhaupt nur am Rande betrieben. Wir als Space Coaches® sind fokussiert auf das Individuum.

Und selbst wenn wir Aufträge erhalten für ein Teambildung-Event, dann legen wir mehr Wert auf den Einzelnen. Schauen uns erst den Einzelnen an und versuchen dann erst zu schauen, wie das mit den jeweils anderen zusammen passen könnte.

Für die echten Astronauten gibt es jede Menge an Teamtrainings. Ich beziehe mich hier einmal auf die Astronauten, die zurzeit zur ISS reisen, mit den Russen. Also von Baikonur starten.

Es werden immer 3 Personen ausgesucht, nach einem länderspezifischen Auswahlverfahren. Diese 3 Personen trainieren dann über einen bestimmten Zeitraum X zusammen. Das kann zwischen 2 und 4 Jahren schon mal sein. Es kommt darauf an, für wann die Mission angesetzt wird und welche Experimente vorbereitet werden müssen.

Astronauten trainieren eben nicht nur ihre generelle Mission, also den Flug und den Aufenthalt, sondern eben auch die Experimente müssen trainiert und auch vorbereitet werden. Dazu kommen noch Überlebenstrainings. Notfälle und generelles Zusammenspiel. Sprachen lernen oder bestimmte Dinge trainieren aber auch für die echten Astronauten selber.

ASTRONAUT ? KANN ICH !

Die privaten Unternehmen, die suborbitale Flüge anbieten, haben gerade auf dem Gebiet des Teamtrainings schon einiges auch anzubieten. Meistens geschieht das dann in Kombination mit anderen Zusatztrainings, wie zum Beispiel: Zero Flight oder tauchen gehen. Es gibt aber auch so Sachen wie Canyoning in der Gruppe.

Eine Gruppe setzt sich meistens dann aus Passagieren zusammen, die schon bezahlt haben für ihren Flug. Die Teambildung ist hier auch nicht zu unterschätzen.

Wir von der Space Coach Academy® gehen da einen anderen Weg. Wir schauen uns, wie schon gesagt, zu aller erst einmal den einzelnen Passagier an. Und sollte uns jemand fragen, dann würden wir allen Future Astronauten empfehlen das Reiss Motivation Profiling® zu machen. Dadurch könnten wir von den Motivatoren her schon sehen, wer passt psychologisch am besten zusammen, mit wem auch immer.

Das klingt zwar etwas verrückt, aber wenn du 5 Passagiere mit ausgeprägter *NEUGIER* an Board hast, dann möchtest du niemanden haben, der vielleicht genau das Gegenteil davon ist.

Um hier auf die gesamte Thematik eingehen zu können, reicht ein Buch leider nicht. Im Kapitel: Motivation – Antreiber bin ich ja auch schon intensiver drauf eingegangen.

Wer mehr noch erfahren möchte, darf sich natürlich an die *www.space-coach-academy.com* wenden. Wir beantworten gerne eure Anfragen.

Psychosomatisches Erschöpfungssyndrom

Psychosomatik bezeichnet in der Medizin eine ganzheitliche Betrachtungsweise und Krankheitslehre. Darin werden die psychischen Fähigkeiten und Reaktionsweisen von Menschen in Gesundheit und Krankheit in ihrer Eigenart und Verflechtung mit körperlichen Vorgängen und sozialen Lebensbedingungen betrachtet.

Körpernahe Symptomatik:

O Rasche Ermüdung

O Verspannungen

O Kopf- und Rückenschmerzen

O Störung der Blutdruckregulation

O Zu hoher oder zu niedriger Blutdruck

O Verdauungsstörungen

O Infektanfälligkeit

O Häufiges Wasserlassen

O Schweißneigung

O Störung der Thermoregulation

O Kälte- oder Wärmeempfindlichkeit

O *Psychische Symptome:*

O Schlafstörungen

O Grübel Neigung

O Stimmungsschwankungen

O Ängstlichkeit

ASTRONAUT ? KANN ICH !

- Schwermut
- Konzentrationsstörungen
- Vergesslichkeit
- Reizbarkeit
- Verminderte Anpassungsfähigkeit
- Störung der Frustrationstoleranz

Das Erschöpfungssyndrom ist eine Folge fortgesetzter
Überforderung der organismischen Kraftreserven.
Die Akkus sind ausgebrannt, die Quellen der Kraft versiegt.

Als innere Bedingung ist oft eine Störung des Selbstbezugs zu finden, die den Future Astronauten dazu treibt, sich an einem starren Selbstbild zu orientieren, statt sein tatsächliches Befinden zu beachten.

Dementsprechend gibt es innerseelische Muster und Bereitschaften, die das Risiko erhöhen.

Dazu gehören folgende Signale:
- Hohe Leistungsbereitschaft
- Überwertiges Bedürfnis nach Anerkennung
- Ehrgeiz
- Neigung, psychosomatische Signale, die auf eine Überforderung hindeuten, zu übersehen
- Illusion, unersetzbar zu sein
- Perfektionismus

In der Folge nimmt der zukünftige Astronaut sein Problem anfangs gar nicht wahr. Er ist so damit beschäftigt, Messlatten zu überspringen, dass er egal was lieber herunterspielt. Wegen des schleichenden Beginns wird das ausgebrannt sein oft erst dann bewusst, wenn sich Symptome aufsummieren.

Und das möchte doch keiner, wenn er schon so viel Geld ausgegeben hat. Daher gibt es eben ein intensives mentales Training. Wir beugen hier vor. Wir schaffen für jeden Future Astronauten diesen berühmten emotional ausgeglichenen Haushalt.
Wir gehen mental, nach Möglichkeit, jeden einzelnen Punkt durch, der eventuell zu Stress führen könnte und somit in einer Dopplung oder Anhäufung, eben dann zu diesem psychosomatischen Erschöpfungssyndrom führen würde.

Egomane

Egomanie ist eine krankhafte Selbstbezogenheit oder Selbstzentriertheit. Die so zugeschriebene Person wird als Egomane bezeichnet und habe das Bedürfnis, stets im Mittelpunkt allen Handelns und Geschehens zu stehen oder interpretiert Abläufe ICH-bezogen.

Megalomanie auch gerne „Größenwahn" genannt.

Der Begriff Egomanie wird aber vielfach auch rein umgangs- oder alltagssprachlich verwendet.

Menschen mit überschätztem Eigenbildnis neigen demnach dazu sich wenig aus den anderen Passagieren zu machen. Die Situation könnte dann eskalieren.

Dazu zählen auch Menschen mit sogenannten Euphorie-Beliefs. (Glaubenssätze)

O Ich bin der Größte

O Ohne mich geht nichts

O Die Welt gehört mir

O Platz da, ich komme

O Es zählt nur einer und das bin ich.

Wieso ist das denn so wichtig, wird sich der eine oder andere vielleicht fragen? Nun man stelle sich bitte vor, dass du einer der kommerziellen Passagiere bist. Einer von 5 Passagieren. Und einer ist dabei, der sich von Anfang an in den Mittelpunkt spielt.

Der keinerlei Rücksicht nimmt, auf egal was kommt. Obwohl die Plätze zugewiesen, beziehungsweise im Vorfeld besprochen worden sind, wer denn jetzt, wo sitzen möchte oder soll, hält sich diese Person nicht dran. Der Instructor verzweifelt auch schon dran.

Und jetzt willst du mir sagen, dass du dich freust, mit diesem Menschen in einer Kapsel auf eine Höhe dich katapultieren zu lassen zwischen 80 und 110 km Höhe?

OK, du bist vielleicht selber so ein Egomane? Scherz beiseite. Niemand möchte da mitfliegen. Das Risiko ist viel zu groß.

Und ganz wichtig, was ist denn bei echten Notfällen? Wo es vielleicht um Leben und Tod geht? Was glaubst du, wer wird keine Rücksicht nehmen auf nichts? Genau, der Egomane.

Innerhalb des Space Coach® Trainings arbeiten wir allerdings mit solchen Kandidaten genau darauf auch hin. Also, wir vermitteln diesen Passagieren, egal ob männlich oder weiblich, egal ob alt oder jung, eine neue Perspektive bitte einzunehmen. Das Ziel wäre hier ein wenig Demut ins Leben dieser möglichen Passagiere zu bekommen.
Einsicht in die bestimmte zu erwartende Situation. Dass es noch mehr Menschen auf diesem, seinem Flug geben wird. Und wir konfrontieren diesen Future Astronauten mit Notsituationen, wo er oder sie unter Umständen auf die Hilfe der anderen Passagiere angewiesen ist.

Wir erklären ihm sehr eindrücklich, dass es an Board Regeln geben wird, und die hat er einzuhalten.

Letztendlich zeigt die Erfahrung, dass die Einsicht sehr groß ist oder sein wird. Die Kandidaten für einen Flug wollen ja fliegen. Der Druck fliegen zu wollen, um fast jeden Preis ist enorm. Daher ist der Mensch in der Situation auch bereit, Kompromisse einzugehen, die er sonst vielleicht nie eingehen würde.

Am liebsten ist es mir immer noch, wenn der oder die betroffene Person, so was wie Erkenntnis und Einsicht an den Tag legt. Das macht dann Hoffnung für jedwede Zukunft dieses Menschen.

Psychopathen sind in den wenigsten Fällen erkennbar und das wäre auch keine weitere Steigerung, sondern es handelt sich mehr um ein anderes Wort.

Sollten diese Kandidaten aber schon durch eine psychische Vor-Erkrankung, sprich eine Diagnose haben, ist hier wie folgt zu verfahren: Keine Genehmigung, solange nicht alles geklärt ist. Das Leben der anderen Passagiere darf nicht gefährdet werden oder sein. Das hat logischerweise auch versicherungstechnische Gründe.

Nervenzusammenbruch eines anderen Passagieren, weil sich dieser vielleicht getobt fühlt, von unserem Egomanen. Dann hätten wir schon zwei Probleme.

Viele reden ja immer gerne von einem Egoisten, der sich so verhält. Und viele reden ja auch von sich selbst von einem Egoisten. Ein Egoist zu sein, ist nichts Verwerfliches. Ihr solltet nur schauen, was bedeutet es für euch ganz persönlich, wenn ihr zu euch sagen würdet: *Ich bin ein Egoist!*

Ich mache das lieber anders.
Ich sage, ich bin ein *Ego.Ist*.

Der Punkt dazwischen ist nämlich das Entscheidende. Dein EGO
– IST eben, nicht mehr und auch nicht weniger. Mein EGO darf
sein, weil es eben IST.

Philosophisch bedeutet es doch auch nur: Ich bin mein EGO und
das ist doch erlaubt, oder nicht? Das ist auch gesund, wie man so
schön sagt.

Ego.Ist – Du darfst sein! Wieso auch nicht?

Verhaltensauffälligkeiten

Medikamente – Drogen – Alkohol – führt bei Menschen mit einem Missbrauch dazu, dass die Verhaltensauffälligkeit zunimmt und die Zurechnungsfähigkeit abnimmt. Ein Zustand der anderen Passagiere nicht zugemutet werden kann.

Das wird auch schon beim medizinischen Check abgefragt und auch bei den Laborwerten wird es schnell rauskommen. Es ist natürlich immer die Frage, welche Art von Medikamenten du vielleicht nehmen musst sogar. Das allerdings ist eine medizinische Indikation und keine MentalPsychische.

Es geht ja auch mehr noch um so Dinge wie Alkohol oder Drogen. Denn Medikamentenmissbrauch ist auch schwer festzustellen. Alles in allem ist es ein Graubereich. In Bayern gilt Bier als Grundnahrungsmittel. In Frankreich ist es der Genuss von Wein. Und das jeden Tag, ähnlich wie bei den Bayern.

Wir versuchen, das zu klären mit Offenheit und einer klaren und direkten Kommunikation. Wenn jemand uns die Unwahrheit versucht zu erzählen, haben wir kaum eine Chance, was auch immer festzustellen.

Im Laufe des Space Coachings® können wir dann doch noch feststellen, dass hier was nicht stimmt, von zum Beispiel verzögerter Reaktionsgeschwindigkeit, Sprache oder Wortfindungsstörungen.

Es spricht auch nichts dagegen. Es wird Gründe vielleicht geben, wieso zum Beispiel ein Kandidat jeden Tag oder mehrfach am Tag einen Joint rauchen muss. Es gibt jede Menge an medizinischen Indikatoren, aber es muss bekannt sein und werden. Daraus kann man dann mit Rücksprache der medizinischen Entscheidungsträger zusammen einen Plan entwerfen.

Depressionen und Ähnliches wie auch bekannte Schizophrenien oder bipolare Störungen, sind erst einmal vollkommen auszuschließen, um mitfliegen zu können. Sie stellen eine Gefährdung für sich und auch für die anderen Passagiere dar.

Psychosen jeglicher Art führen zur Eigengefährdung und zur Gefährdung anderer Passagiere

Glaubenssätze - die man eben glaubt

Das ist auch ein großes Thema uni extreme Vielfältigkeit.
Glaubenssätze sind Sätze die leben wir, weil wir glauben, dass
diese real sind. So oder so ähnlich könnte man das beschreiben,
was Glaubenssätze ausmacht.

Glaubenssätze entstehen durch Erlebnisse. Diese Erlebnisse sind
gekoppelt an Emotionen. Wenn dieses mehrfach vorkommt im
Leben, das kann auch in abweichenden Feinheiten passieren, dann
speichern wir das immer mehr ab.
Folglich irgendwann wird es zur Realität. Wir machen es selber
zur Realität. In der anderen Welt oder der eigentlichen Welt ist
das, wovon wir denken, dass es doch ECHT ist, dort ist es aber
nicht so.

Deshalb verstehen wir andere Glaubenssätze, also von den Freun-
den, immer besser als die eigenen.

O Das kann ich nicht.
O Da habe ich viel zu viel Angst davor.
O Niemals, das ist nicht mein DING.
O Das konntest du doch noch nie.
O Wieso ausgerechnet du?
O Womit habe ich das verdient?
O Lasst mich doch alle in Ruhe?

Das sind wirklich nur einige Beispiele. Die Glaubenssätze sind
Fluch und Segen für jeden Menschen.

Wir schauen natürlich als Space Coaches®, welche du deine nennst und ob sie dir im Weg stehen bei deiner Mission.

Die Beliefs tauchen vor allen Dingen auch auf, wenn wir den „Primary Check" mit dir machen. Also da, wo wir feststellen, an welcher Stelle deines Fluges bei dir Stress entstehen könnte.

Hier ist es sogar von Vorteil, dass die Glaubenssätze auftauchen. Sie sind der Schlüssel, damit wir deinen vielleicht vorhanden Stress besser bearbeiten können.

Posttraumatische Belastungsstörung

Menschen mit einer PTT – posttraumatischen Belastungsstörung sind auch gefährdet. Durch eine nicht vorhersehbare Situation kann eine nicht gewünschte, unerwünschte Reaktion auftreten, die wiederum das eigene Leben oder das der anderen Passagiere gefährdet.

Doppelungen oder noch höher führt zum Wiederbeleben einer psychischen schon erlebten Belastungssituation. Jede Emotion könnte diesen Prozess auslösen.

Durch kleine Erlebnisse, die im ersten Moment unbedeutend erscheinen könnten, entstehen lebensgefährliche Situationen.

Daher gehen wir im Rahmen des Space Coachings® her und machen unsere eigene Anamnese. Eine Psychische eben. Wir können keine Therapie durchführen, aber wir können Trauma-therapeutische Lösungen – Befreiungen einleiten.

Wir arbeiten hier mit der Methode emotionSnyc.®, wie schon erwähnt. Damit schaffen wir es eben bestimmte belastende Zustände oder Umstände von der Nähe in die Distanz zu befördern. Also so weit weg wie möglich von einem SELBST. Im besten Fall sogar ganz weg. Aber das kann dir keiner garantieren. Versuchen werden wir es immer.

Ich möchte hier noch ein Beispiel anbringen, weshalb es so wichtig sein kann oder könnte. Es ist eben wichtig, dass man es erzählt.

Es wird ja nicht an die Preise weitergegeben, nur an den Space Coach® deines Vertrauens.

Stelle dir bitte vor, du befindest dich schon auf deinem Flug in einer Kapsel. Alles verläuft super, aber aus irgendeinem Grund siehst du, wie die Scheibe beschlägt von deinem Platz aus in der Kapsel.

Und trotz des Anzuges und des Helmes und der Kopfhörer, hörst du und wahrscheinlich auch alle andere, ein Kratzen, ein Quetschen, ein Knarren. Aber keiner weiß, was los ist. Soweit die Umstände.

Jetzt nehmen wir einmal an, du bist mal überfallen worden, in der U-Bahn zum Beispiel. Und genau daran erinnerst du dich jetzt, wo du doch eigentlich im Weltraum bist.

Wieso erinnerst du dich daran? Weil dieses Geräusch so ähnlich klingt wie in der Bahn. Dein Unterbewusstsein fährt sofort hoch und schreit Alarm. Vielleicht auch innerlich ganz laut HILFE! Das hast du auch damals gemacht, in der U-Bahn, aber nichts ist passiert. Niemand ist dir zur Hilfe gekommen.

Und auch jetzt hast du sofort das Gefühl, dass dir keiner helfen wird. Du führst dich hilflos und verfällst womöglich in eine Starre oder sogar Ohnmacht. Du kannst schreien und nichts wird passieren, wie damals. Vielleicht tauchen auch Phantomschmerzen auf, weil du damals geschlagen worden bist.

Jetzt wirst du zwar nicht geschlagen, aber durch die Erinnerungen können eben diese Phantomschmerzen auftreten. Schmerzen, die es eigentlich nicht geben könnte oder dürfte.

Du möchtest doch deine Reise ins Universum nicht gefährden! Du hast viel Geld dafür bezahlt und möchtest die Reise doch genießen? Daher ist es wichtig, dass wir dieses Thema besprechen und klären, soweit es auch nur irgendwie möglich sein wird.

Medizinische Notfälle

Medizinische Notfälle sind Aufgabe der Mediziner. Ich habe das hier auch nur kurz angeschnitten, weil es eben dazugehört.

Manche Unternehmen bieten ihre Flüge so an, dass nur die Passagiere an Board sein werden. Sitzen also in der Kapsel und werden dann automatisch ins All geschossen. Es befindet sich niemand sonst an Board der Kapsel.

Wenn es hier zu welchen Notfällen auch immer kommen sollte, wäre niemand da, der sich darum kümmern könnte. Wir, also die Space Coach Academy® führen daher Gespräche mit den betroffenen Weltraumunternehmen, um hier für Abhilfe zu sorgen. Einer der Space Coaches® soll eben mitfliegen, damit dieser sich um den oder die Betroffenen dann kümmern kann.

Dazu müssen die Space Coaches® allerdings noch einige Zusatztrainings absolvieren und an Intensiv-Trainings teilnehmen. Schwerpunkt – medizinische Notfallversorgung unter Berücksichtigung der Gegebenheiten. Diese wären: die Schwerelosigkeit, der Raumanzug und so weiter.

Das Ganze führt aber hier an dieser Stelle leider viel zu weit. Wichtig ist, wir als Space Coach Academy® haben die möglichen Probleme der Passagiere natürlich auf dem Schirm. Wir versuchen, diese eben mit den führenden Unternehmen aus dem Space Business zu klären. Nach Möglichkeit auch direkt umzusetzen.

Hier nun einige mögliche Beispiele:

Bei der Beschleunigung einer Rakete oder eines Fluggerätes entstehen je nach Intensität sehr hohe G-Kräfte. Dazu gesellen sich hohe Vibrationskräfte. Innerhalb zum Beispiel einer Kapsel entstehen auch nicht unerhebliche Geräusche und nicht tagtäglich bekannte Geräusche.

Körperliche Schäden, die dabei entstehen können, haben massive Auswirkungen auf die Psychosomatik eines kommerziellen untrainierten Passagiers eines Weltraumfluges. Dabei spielt es keine Rolle, ob es sich um einen suborbitalen Flug oder schon einen orbitalen Flug handelt.

Durch zu viel an *Vibrationsmasse* könnte es einen Menschen so durchschütteln, dass er dabei ums Leben kommen könnte.

O Schockzustand – durch diverse unvorhersehbare Umstände
O Herzinfarkt oder Schlaganfall – vor lauter intensiver Aufregung.
O Erstickungsgefahr durch Erbrochenes.

Focus AUDITV

Alle Trainings die wir durchführen mit dem Einzelnen von euch, haben nur den Zweck, euch Sicherheit zu geben. Sicherheit, damit ihr euch auf den Flug konzentrieren könnt. Das Meiste führen wir ja bekanntlich mit euch hier auf der Erde, vor eurem Flug durch. Wir versuchen wirklich alles, mit euch zu simulieren. Simulation ist ein hervorragendes Instrument zur Vorbereitung.

Dabei haben wir irgendwann feststellen müssen, dass wir ein Problem nicht berücksichtigt hatten. Die meisten von euch stecken in einem Raumanzug und ihre habt einen Helm auf. In dem Helm gibt es ein eingeschränktes Sichtfeld. Und was die Kommunikation anbelangt, sind wir alle auf den auditiven Kanal angewiesen.

Daher haben wir alles, was wir auf der Erde trainieren, auch so eingestellt, umgestellt, dass wir auf die Stimme setzen. Also den auditiven Kanal.

Egal welche Stimme ihr dann, bei eurem Flug auch hören möget, es wird funktionieren. Alle Space Coaches® haben mittlerweile auch die Möglichkeit eines Stimmtrainings. Denn auch wir müssen uns ja schließlich verständigen können. Ohne Dialekte, sondern laut und deutlich.

Die Stimme, der auditive Kanal, ist der Vertrauenskanal. Daher trainieren wir auch das mit den Kopfhörern. Und noch mehr. Die Stimme macht Stimmung. Dafür müssen wir Sorge tragen.

Medien

Der Bereich der Medien ist gerade für den kommerziellen Passagier, also den Future Astronaut sehr spannend und außergewöhnlich, wenn er es denn so haben will. Es gibt da jede Mengen an Fragen, die im Raum stehen. Und ich habe hier einmal ein paar Beispiele zusammengestellt, was da alles so passieren könnte, wenn man es denn will.

Kann ich da oben selber Selfies machen?
Muss man nicht, da in der Kapsel oder in der Maschine genügend Kameras installiert worden sind! Die machen für euch die Aufnahmen. Manche Firma hat auch exklusive Verträge abgeschlossen, für die Kameras zum Beispiel. Also Fotos und Filmmaterial wird es mehr als genug geben.

Das eigene Handy mitzunehmen könnte etwas schwierig werden, zumal der Raumanzug und die Handschuhe eine normale Bedienung nicht ganz einfach gestalten lassen. Eine Action Kamera auf den Helm montiert, dies wäre noch eine Idee. Auch von außen werden jede Menge Bilder gemacht werden.

Darf ich einen eigenen Facebook-Post machen und geht das überhaupt? Wie gesagt, mit den Handschuhen und dem Anzug wird es nicht ganz einfach sein. Das gilt auch für eine mögliche Live Schaltung.

Darf ich etwas mitnehmen auf dem Flug, damit ich hinterher sagen darf, dass das ich im Weltall war? Da hört meine Fantasie leider auf. Aber es wird bestimmt möglich sein, zum Beispiel einen

Talisman mitzunehmen oder Ähnliches. Nur absprechen sollte man es, bitte.

Kann ich zum Beispiel die Asche meines Vaters oder Mutter mitnehmen und ins All befördern? Bei den kommerziellen Passagierflügen wohl eher nicht. Aber wenn Sie zum Beispiel zur ISS mal reisen wollen, mit dem nötigen Geld, dann wird das vielleicht möglich sein. Das hat allerdings auch was mit dem noch nicht so ausgereiften Weltraumgesetzen zu tun.

Wenn wir gemeinsam fliegen, können wir da oben heiraten? Das könnte noch eine Marktlücke sein. Die Frage könnte eher sein, wie lange es noch dauern wird, bis das jemand als ERSTER dann machen wird. Oder wie kurz.

Auch die Berichterstattung für die kommerzielle Raumfahrt wird nicht nur am Anfang noch sehr groß sein. Klar wenn jetzt die ersten Future Astronauten fliegen, dann wird sich bestimmt auch die Presse dafür interessieren. Aber das entscheidet ja jeder selber, ob er das will und in welchem Umfang er oder sie das haben will.

So wird dann Länder weit das Ganze beginnen. Der erste Mann oder die erste Frau aus dem Land, zum Beispiel Holland oder auch Deutschland. Egal welches Land. Danach wird es dann der zweite oder die zweite sein und so weiter. Dann wird der Zehnte wieder interessant sein oder 25. aus XXX oder der 100. oder der 1000. Und so weiter. Dann kommen die Bundesländer dran oder die Stadtstaaten. Der erst aus Hamburg. Die Erste aus Bayern. Das zieht und wird medial verarbeitet.

Irgendwann kommt dann der oder die Erste aus einer Stadt, wie Heidelberg oder Mannheim oder Frankfurt. Oder noch kleiner der oder die Erste aus dem Dorf oder der Region oder aus dem Tal. Und dann geht ja auch noch die Variante, der oder die Erste aus der Firma XY.

Wenn du das willst, wird das bestimmt möglich sein und die Medien wird es freuen. Es ist eine Story, die noch nicht viele Menschen erlebt haben. Bedenke bitte, noch nicht ganz 570 Menschen waren überhaupt erst im Weltall.

Und selbst wenn 1 Million Menschen auf der gesamten Welt geflogen sein werden, wird es eine ganze lange Zeit dauern, bis von denen jeder geflogen sein wird. Und es sind dann 1 Million Menschen von circa 7,53 Milliarden Menschen auf der Erde. Du wirst dann einer von 1 Million Menschen sein. Also circa einer von 0,0013 Menschen angehören, die dann schon im Weltraum waren und die Erde von oben gesehen haben.

ASTRONAUT ? KANN ICH !

Körperliche Fitness

Bei der Beschleunigung einer Rakete oder eines Fluggerätes entstehen je nach Intensität sehr hohe G-Kräfte. Dazu gesellen sich hohe Vibrationskräfte.

Dabei spielt es keine Rolle, ob es sich um einen suborbitalen Flug oder schon einen orbitalen Flug handelt.

Für Muskeln, Knochen, Herz und Kreislauf benötigt man ein Fitnessprogramm, selbst wenn es sich nur um 2 – 5 Tage handeln sollte.

Die körperliche Fitness kann zumindest nicht schaden.

Es gibt allerdings auch ein paar körperliche Einschränkungen, die offiziell aber niemand so richtig aussprechen möchte.

Unter 1,50 Meter wird es kritisch, weil die Raumanzüge nicht wirklich passen werden. Über 2,00 Meter und manchmal auch schon über 1,95 Meter wird es aus den gleichen Gründen kritisch.

Was das Körpergewicht anbelangt, im Verhältnis zur Größe, ist es dann eigentlich egal. Ein gewisser Body-Index spielt hier nicht wirklich eine Rolle.

Aber alles über 100 kg muss neu berechnet werden. Das gilt vor allen Dingen für den Treibstoff. Da zählt jedes KG an Gewicht. Je höher das Gewicht, desto mehr Treibstoff wird benötigt. Und der Platz für den Treibstoff ist nur sehr begrenzt vorhanden.

Ein Gewicht nach unten wird derzeit nirgendwo angegeben. Eine normale körperliche Konstitution reicht vollkommen aus.

Ermüdungsmanagement

Erschöpfung. Es ist durchaus möglich, dass Passagiere z. B. nach dem Start so aufgeregt sein werden, dass sie in einen kurzen Tiefschlaf verfallen können. Das kann man trainieren. Physische Wachheit wird trainiert mittels Mentaltraining.

Generelle Notfälle - Vorbereitung CRM

Es gibt jede Menge Möglichkeiten sich auf Notfälle einzustellen. Wir in der Space Coach Academy® haben uns orientiert an jeglichem Material, dass uns die Unternehmen zur Verfügung gestellt haben. Manchmal haben wir uns auch an dem Material bedient, welches eben auch FREI zugänglich war. Zum Beispiel bei YouTube oder über die Pressestellen. Wir haben ein System adaptiert, dass aus der Luftfahrt bestens bekannt ist. CRM Crew Ressource Management.

Das Crew (früher Cockpit) Resource Management-Training (CRM) ist eine Schulung für Luftfahrzeugbesatzungen, welche die nicht-technischen Fertigkeiten schulen und verbessern sollen, um Flugunfällen aufgrund menschlichen Versagens vorzubeugen. Dabei geht es um Kooperation, situative Aufmerksamkeit, Führungsverhalten und Entscheidungsfindung sowie die zugehörige Kommunikation.

Ein wichtiger Teilbereich des CRM ist die Aufteilung von Aufgaben und die Absprache darüber, wer welche Aufgaben übernimmt. Zum Beispiel übernimmt ein Besatzungsmitglied die Lösung eines technischen Problems, während der andere Pilot das Flugzeug steuert.

Vor der Einführung des CRM-Konzeptes stellten Unfall-Untersucher immer wieder fest, dass die Piloten zwar einwandfreie technische beziehungsweise fliegerische Fähigkeiten besaßen, aber die Zusammenarbeit zwischen dem Kapitän und dem rangniedrigeren Ersten Offizier oft mangelhaft war.

Mit Verweis auf seine höhere Anzahl von Dienstjahren und seine Autorität bügelte der Flugkapitän bei vielen Unfällen Bedenken des ersten Offiziers ab und hielt an seinen Entscheidungen fest. Ebenso führte der fehlende Wille, Entscheidungen zu treffen und Aufgaben zuzuweisen, zu einigen Unfällen.

Das CRM-Training ist für Flugzeugbesatzungen in der gewerblichen und militärischen Luftfahrt verbindlich und muss nach spätestens drei Jahren wiederholt werden. CRM soll das Bewusstsein dafür schärfen, dass neben dem technischen Verständnis an Bord eines Luftfahrzeugs (Technical Skills) auch die Kommunikation und die Beziehungen zwischen den Angehörigen der Besatzung entscheidend sind, um kritische Situationen zu meistern.

Ein wichtiges Element von CRM ist die Nutzung und Weitergabe von allen wichtigen Informationen innerhalb der Besatzung, sowohl zwischen den Piloten als auch im Zusammenspiel zwischen Cockpit- und Kabinenbesatzung.

CRM hat auch Eingang gefunden in die Ausbildung von Ein-Mann-Besatzungen ("Single-Pilot Crew Resource Management"), wo es viel mehr um die aktive Steuerung der eigenen Arbeitsbelastung, Entscheidungsfindung und zielgerichteten Anwendung der Automation (Autopilot, Navigationshilfen und dergleichen) geht.

Ebenfalls wurde CRM auch außerhalb der Luftfahrt eingeführt, etwa in der Medizin, wo Behandlungsfehler oftmals von rangniedrigeren Ärzten und Pflegepersonen erkannt werden, in die Ausbildung von Bergführern und Bergtouren-Leitern oder an Bord von Schiffen.

CRM entstand aus einem NASA-Workshop im Jahre 1979, der eine Erhöhung der Flugsicherheit zum Ziel hatte. Die Untersuchungen der NASA ergaben, dass der Hauptgrund für schwere Flugunfälle menschliches Versagen war und die Hauptprobleme die Kommunikation an Bord, Kompetenzkonflikte innerhalb der Crew und zum Teil die Entscheidungsschwäche der Piloten waren.

Das CRM-Training wurde mit der Zeit sowohl von Luftfahrtbehörden als auch von Fluggesellschaften weiterentwickelt, umfasst zwischenzeitlich auch Schulungsinhalte für Kabinenbesatzungen, um die Zusammenarbeit und Kommunikation zwischen Cockpit und Kabine zu optimieren, und ist nun Pflicht für alle Piloten und

Flugbegleiter, die der FAA (USA) und JAA (Europa) unterstehen. Und genau da haben wir als Space Coach Academy® angesetzt.

Mittlerweile habt ihr ja schon einiges gelesen und bestimmt bemerkt, dass wir uns jede Menge an Gedanken machen, was alles passieren könnte. Was es aber nicht muss. Nur, wenn es passiert, dann ist es besser, man ist vorbereitet.

Wir trainieren also jede Menge an Möglichkeiten, sprich Notfällen. Dadurch seid ihr super gut vorbereitet, wenn genau dieser Notfall eintreten sollte. Das machen wir mittlerweile nicht nur für euch, sondern wir haben in Zusammenarbeit mit Ralph Eckhardt, das CRM perfekt bei uns integriert.

Leider starb Ralph Eckhardt bei einem tragischen Hubschrauberunfall im September 2019. Ich werde allerdings alles tun, dass seine Arbeit, dass unsere Kooperation über seinen Tod hinaus weiter gehen wird. Dazu haben wir oder werden wir eine Kooperation mit seiner Nachfolgerin, seiner Ehefrau eingehen.

Hier nur einige Beispiele noch zusätzlich zu denen, die ihr schon gelesen habt.

Feuer während eines Fluges. Löschen und Ruhe bewahren. Ruhige Anweisungen geben und darauf achten, dass alle Passagiere den Anweisungen folgen leisten. Das muss und wird vorher trainiert. Am besten in einer Simulation, die auch die Enge widerspiegelt.

Ebenso ist es dienlich, das komplette Programm zu üben. Kontaminierte Atmosphäre kann in der Kapsel entstehen oder im Raumanzug. In beiden Situationen muss der Space Coach® auf Reserveflaschen mit Sauerstoff Zugriff haben und diese wie bei einem Flugzeug aufsetzen können, um dann den anderen Passagieren zur Seite stehen zu können.

Sichtbehinderung. Hier ist speziell gemeint: Erbrechen und keine Sicht mehr. Wenn der Passagier sich nicht an die Anweisungen gehalten hat oder er sein mentales Training in dem Moment vergessen hat, dann sieht er leider nichts mehr.

Dasselbe gilt natürlich auch, wenn der ***Raumanzug undicht*** sein sollte. Dadurch beschlägt er und es wird schwer werden, das wieder zu beheben.

Eine *Sichtbehinderung* kann auch entstehen, sodass sich andere Passagiere immer nur an einem Platz aufhalten wollen. Das muss geklärt sein. Kommunikationsregeln und generelle Regeln.

Verlust des Kabinendrucks. Hier ähnlich wie beschrieben. Atemschutzmasken sollten unabhängig des Raumanzuges vorhanden sein. Um unter Umständen darauf zurückgreifen zu können.

Abbruch und Flucht. Das muss trainiert werden. Im Sinne eines CRM System for Space Flight. In der Ruhe zu bleiben, unterstützende Maßnahmen unabhängig von der Einweisung durch den Space Coach. Mentales Training der Fluchtpläne.

Psychologische Fehlertoleranz gegenüber katastrophalen Ereignissen. Durch intensives Training im Sinne eines CRM-Systems für Space Flight. Das Trainieren ist immens wichtig. Alle Eventualitäten sollten durchgespielt werden. Dadurch erlangen die kommerziellen Passagiere eine hohe Sicherheit im Umgang mit Fehlertoleranz. Sicherheit ist ein hohes Bedürfnis aller Passagiere.

Nach dem Flug

Wir betreuen die Passagiere direkt nach dem Flug, so wie vorher bereits ausführlich besprochen.

Der Schwerpunkt besteht hier in der Kommunikation und in der Verarbeitung des gesamten Ablaufes und im Speziellen des Fluges. Wenn hier nichts Dramatisches passiert ist, also keine Zwischenfälle entstanden sind, wird es auch nur darum gehen, wie die Passagiere lernen können, über ihre Erlebnisse zu erzählen, zu berichten.

Unvorhergesehene Zwischenfälle oder Zwischenfälle, die vorher trainiert wurden, müssen überprüft werden, ob diese eine psychische Beeinflussung auf das tägliche Leben haben werden oder könnten.

Im Speziellen heißt das, können posttraumatische Störungen PTT auftreten?

Niemand kann das verhindern. Wir können nur vorbeugen und ganz viele Dinge im Vorfeld mental trainieren und immer und immer wieder üben, bis diese wie Routine wirken.

Freude wurde vor dem Flug trainiert und jetzt sorgen wir dafür, dass diese auch gelebt und nicht unterdrückt wird. Freude ist die Freude, die vorher jeder Passagier für sich selber definiert hat. Das darf auch Spaß beinhalten oder auch Euphorie. Da fallen einige Emotionen rein.

Von daher werden wir hier nichts ausschließen. Das kann auch bedeuten, dass Menschen in eine Art von Trauer verfallen und weinen, vor lauter Freude und dem Fassen, was man da gerade so gemacht, bzw. erlebt hat.

Nach dem Flug geht es vor allen Dingen darum, den Passagier wieder bei sich selbst ankommen zu lassen. Je nachdem, was man mit dem Passagier vereinbart hat, beginnt die Betreuung direkt nach der Landung. Sollte der Space Coach© mit an Bord der Kapsel gewesen sein, kann der das teilweise übernehmen. Speziell im Falle dessen, dass an Board der eine oder andere Notfall eingetreten ist.

Der persönliche Space Coach® kann jedoch direkt nach der Rückkehr über diverse digitale Möglichkeiten dazu geschaltet werden. Kommunikation via Skype oder FaceTime ist jederzeit möglich. Dort können dann diverse Thematiken angesprochen werden.

Wie rede ich nun über das Erlebte?

Dies wurde ja auch schon erörtert vor dem Flug. Daher ist es jetzt hier schon Routine, da man auf das vorherige trainierte darauf zurückgreifen kann.

Notfallsituationen werden besprochen zum Beispiel, dass es sehr unangenehm gewesen sein könnte, seine Notdurft zu verrichten. Und dass dieses nur OK war, aufgrund des Trainings.

Jegliche vorher trainierte Notfallsituation, wird keinerlei Problematik beinhalten. Situationen, die man nicht trainieren konnte, aus welchen Gründen auch immer, bereiten da schon mehr Probleme.

Diese werden bearbeitet, gecoacht mittels emotionSync.® Techniken. PTBS soll damit verhindert werden. Durch die Technik von emotionSync.® wird dieses weitestgehend ausgeschlossen.

Unter Umständen auch Begleitung des Passagiers, im Sinne von Unterstützung beim Umgang mit bestimmten Medien.

Es ist einfach nur wichtig, dass es eine solche Betreuung gibt oder der kommerzielle Astronaut jederzeit weiß, dass er darauf zurückgreifen kann. Er entscheidet das wie, also auch welche Intensität.

Orbitale WeltraumTouristen

Was ist ein Unterschied bei einer Reise über den suborbitalen Raum, hin in den orbitalen Bereich? Hier wäre ein Besuch bei der ISS zu nennen oder Umrundungen um den Mond, Aufenthalt auf dem Mond oder auf dem zukünftigen Orbitalen Hotel oder vielleicht auch auf dem Mars.

Schlafen:

Das Schlafen wird natürlich anders sein. Es geschieht in einer circa 0,8 qm Nische. Man wird in eine Art von Schlafsack gepackt und auch festgeschnallt. Damit man eben nicht davon schwebt.

Essen – Ernährung:

Das Essen wird vorher mit dem Astronauten besprochen und dann speziell für den jeweiligen Astronauten zubereitet. Das gilt derzeit fast nur für die ISS Besatzung und später dann auch für ein Weltraumhotel oder auch die Lunar Raumstation.

Kaffee:

Auf der ISS gibt es zum Beispiel auch eine italienische Kaffeemaschine. Die Forschung hat 2 gebraucht um eine Maschine zu konzipieren und zu bauen, die jetzt auf der ISS dafür sorgt, dass es einen nach italienischer Brauart gebrühten Kaffee gibt. Espresso etc. Die Marke verrate ich aber nicht.

ASTRONAUT ? KANN ICH !

Notfallmedizin:
Derzeit ist es so, dass die Astronauten auf der ISS bestimmte Zusatzausbildungen erhalten, im Rahmen ihrer Vorbereitung. Zum Beispiel: Notfallmedizin allgemein oder Notfall Zahnmedizin.

Für die touristischen Flüge ist das Prozedere noch nicht geklärt. Wird es aber ganz sicherlich noch werden.

Zahnärztliche Versorgung:
Wie gerade beschrieben. Derzeit ist es gesichert für die Astronauten auf der ISS, in der Art und Weise, dass die Astronauten oder einer von ihnen, eine Zusatzausbildung macht. Somit kann er oder sie dann die Kollegen/innen im Notfall versorgen.

Sex in der Schwerelosigkeit:
Die Frage wird interessanterweise immer häufiger gestellt. Man weiß es nicht genau. Im Jahre 2019 wurde zum ersten Mal ein Mäuse-Experiment auf der ISS durchgeführt. Das Ergebnis wurde komischerweise noch nicht veröffentlicht.

Die Schwerelosigkeit würde den Geschlechtsverkehr im All erheblich erschweren. Nach Angaben von Prof. Dr. Ulrich Walter ist die Libido in den ersten Tagen des Aufenthaltes im Weltraum stark eingeschränkt, da sich der Hormonhaushalt zunächst an die neue Umgebung anpassen müsse: „Da läuft nichts. Während eines zehntägigen Shuttlefluges dachten wir an alles, nur nicht an das eine."

Schwerelosigkeit führt wegen des Wegfalls der Gravitation und des damit verbundenen höheren Blutanteils im Oberkörper häufig auch längerfristig zu Unwohlsein und Kopfschmerz.

Neben dem allgemeinen Unwohlsein würde die im All schlechtere Durchblutung des Unterleibes bei Männern nach Prof. Dr. Harald Lesch zu Erektionsproblemen führen. Aber auch wenn eine Erektion nach Anpassung an die Gegebenheiten möglich wäre, entstünden durch den Mangel an Zugkraft Probleme beim Vollzug des Geschlechtsverkehrs.

Die Biologin Athena Adreadis von der University of Massachusetts führte dazu in der britischen Daily Mail aus: „Sex in der Schwerelosigkeit ist sehr schwierig. Man hat keine Zugkraft und stößt dauernd gegen Wände."

Durch die Stoßbewegung würden die beiden Partner auseinander getrieben werden. Nur mit Hilfsmitteln könnte der Akt vollzogen werden.

Vorgeschlagene Varianten sind ein aufblasbarer Tunnel, in den das Paar schlüpft, oder das Verbinden durch elastische Gurte.

Bereits 1992 patentierte eine Lehrerin aus Easton in Massachusetts eine Konstruktion von solchen Bändern, die sexuellen Verkehr in der Schwerelosigkeit ermöglichen sollten. Raymond Noonan vom Sex Institute in New York erklärte, dass die Benutzung dieses Systems hilfreich zum Abbau des Flugstresses der Astronauten sein könne.

Eine andere diskutierte Variante ist das Festbinden des einen Part-
ners an eine Stange, während die andere, aktive Person sich an
weiteren Haltestangen an der Decke festhaltend frei bewegen
kann. Alternativ wurden Modelle diskutiert, die analog zum Be-
gattungsakt bei Delfinen eine dritte, das Paar stützende Person
einbeziehen.

Gegen den Verlust des Blutdruckes in den Beinen hat die sowjeti-
sche Raumfahrtbehörde die Tschibis-Hose entwickelt; sie sorgt
mittels Unterdruckes zu einer verbesserten Durchblutung des Unterleibes. Die Benutzung der Tschibis-Hose soll die sexuelle Erre-
gung erheblich verstärken.

Das Geheimnis des THREE DOLPHIN CLUB

Ein Wissenschaftler hat sich längere Zeit Gedanken darüber gemacht, wie Sex im Weltraum überhaupt funktionieren kann. Problem war das Auseinandertreiben zweier Körper bei Schwerelosigkeit. Er war der Meinung, dass das nur mit Zuhilfenahme einer Stange zum Festhalten funktioniert.

Später kam er darauf, das Delfine, die ein ähnliches Problem haben, sich von einem 3. helfen lassen. So entstand das Gerücht, dass diejenigen, die schon mal Sex im All hatten, Mitglieder im "Three Dolphin Club" sind. Leider hat sich noch nie ein Mitglied gefunden, welches zugibt, dass es diesen Club gibt. Denn das würde auch bedeuten, dass es zu einer sexuellen Handlung im Weltraum schon gekommen ist.

Man sieht aber auch daran, dass Sex im Weltraum nicht so einfach sein wird. Aber wie heißt das so schön: Wo ein Wille ist, da ist auch ein Weg!

Körperliche Fitness

Gerade bei einer längeren Reise oder Aufenthalt, also länger als nur eine Stunde oder so, muss man auf seine Fitness achtgeben. Die Astronauten auf der ISS machen circa 2 Stunden Training pro Tag. Und das ist nicht verhandelbar, weil die Muskulatur zu weit zurückgehen würde.

Nach der Rückkehr braucht das Knochengerüst fast 6 Monaten, bis wieder alles normal ist. Die Formel lautet 3 Monate Weltraum – 6 Monate auf der Erde und alles passt wieder.

Fußball spielen geht immer, mit einem Softball.

Musik

In einem analogen Experiment auf der Erde konnte 2018 auf Hawaii festgestellt werden, dass Musizieren das friedliche Mit- und Untereinander massiv fördert. Aber nicht nur das eigene Musizieren, sondern auch die Tatsache, sein eigenes Instrument anderen beizubringen, fördert das Miteinander noch einmal mehr.

Gitarre spielen – einen musikalischen Hit im Weltraum zu kreieren gelang bereits Chris Haddfield, einem kanadischer Astronaut.

Männer – Frauen – Zwillinge im Weltraum

Durch verschiedenste Langzeitstudien weiß man mittlerweile auch, wie wichtig es ist gemischte Konstellationen auf Langzeitmission zu schicken. Frauen sorgen einfach für mehr Harmonie. Auch Schlichtungen werden von Frauen wesentlich besser gemeistert.

Eine ebenfalls spannende Studie endet 2018 mit der Rückkehr von Kelly von der ISS. Während der Astronaut Scott Kelly ein Jahr auf der ISS verbrachte, blieb sein Bruder Mark am Boden. Beide ließen sich regelmäßig untersuchen.

Die Auswertung ergab, dass Scotts Gesundheit während und nach dem Langzeitaufenthalt im All nicht stärker eingeschränkt war als die seines Bruders.

Dennoch gab es Veränderungen an Gefäßen, Augen und Genaktivitäten, deren längerfristige Bedeutung nicht klar ist.

Was ist die Grundlage des Space Coachings®?

Natürlich in erster Linie geht es um Coaching. Persönlichkeitscoaching. Mentales Training am Individuum. Wir arbeiten mit der Psyche des jeweiligen Future Astronauten, auch gerne wie schon mal erwähnt Space Flyer genannt.

Jeder unserer Space Coaches® verfügt in erster Linie über eigene Erfahrungen und auch über Tools, die er schon lange vor der Zeit bei der Space Coach Academy® hatte. Jeder hat seine eigene individuelle Art zu coachen.

Wir achten bei uns nur darauf, dass die Space Coaches® stets systemisch arbeiten, lösungsorientiert und dabei immer bedenken wie man den Transfer vom All und den Alltag schaffen kann. Vielleicht sogar muss.

Die emotionale Balance steht dabei an erster Stelle. Wie schon im Kapitel: Emotionen – Umgang, sehr ausführlich beschrieben versuchen wir, den Kandidaten dabei einen ausgeglichenen Haushalt zu verschaffen.

Dabei arbeiten wir zwangsläufig auch an der Identität, an der Persönlichkeit des jeweiligen Kandidaten.

Wer bin ich wirklich? Wenn ja, wie viele? Und was fange ich damit an? Ebenso kommt hier dann die Sinnfrage ins Spiel.

Die Bewältigung von extremen Lebenssituationen sind Kennzeichen der Space Coaches® oder wie wir uns auch nennen AstronautTrainer for MentalPsyche©. Das wird im nächsten Kapitel intensiver dargestellt.

Methodenbestandteile Übersicht

„DSTSG"
Divergent
Space
Technique
Self Government

Neurolimbic© – Kinesiologie – O-Ringtest
Bilaterale Hemissphärenstimulation – Tap Techniken
emotionSync.®

Kommunikation – Wording/Affirmationen/Beliefs
Metamodell der Sprache – Miltonmodell der Sprache
Submodalitäten Arbeit

Kurzzeit Coaching Methoden – Hypnosebestandteile, Ankern,
Framen, Steve de Shazar, Frank Farrelly,

Wahrnehmung – Intuition, Körpersprache, Stimme
Psychophysiognomik

MentalTraining – MentalPsyche©

ASTRONAUT ? KANN ICH !

Besonders zu erwähnen sei hier die Methode: *emotionSync.*® mit der wir sehr intensiv arbeiten, beziehungsweise diese einsetzen. Eine Methode, die speziell für unsere Arbeit entwickelt worden ist. Niemand kann so wirklich etwas „NEUES" kreieren auf dem Markt.

Doch Prof. (UCN) Dr. Christian Hanisch hat mit dieser Methode nicht nur promoviert, sondern die Methode wird auch wissenschaftlich erforscht. Das schon seit 7 Jahren. Wir unterstützen ihn und sein Team natürlich tatkräftig, wo es nur geht.

EmotionSync® ist die konsequente Weiterentwicklung der Synchronisation der Gehirnhälften und der Beschleunigung von Energie, um Traumata, emotionale Blockaden, Stress oder Ängste aufzulösen.

Auflösen möglich von:
- Stress
- Emotionalen Blockaden
- Business Phobien
- Vermeidungsstrategien
- Traumata
- Übertriebenen Handlungen
- Überlastungen
- Psychosomatik
- Lebensbehindernden Glaubenssätzen
- Werte-Management
- Change-Prozesse

Stress und emotionale Blockaden und Verhaltensmuster sind als elektrische Felder in unserem Gehirn gespeichert. Diese Felder können durch die körpereigene Elektrizität und die Gehirnströme nachhaltig und schnell verändert werden.

Das Besondere hierbei sind die Anker-Beschleunigungstechniken. Diese Energie-Techniken zur Veränderung von destruktivem Verhalten und Problemen sind momentan die effizientesten. Die Synchronisation des Gehirns auf der höchsten Energieebene verursacht nachhaltige Veränderung, sogar in wenigen Minuten. Erst die Verbindung von kognitiver und energetischer Arbeit ist wirklich nachhaltig.

Der Effekt ist eben der, dass das betreffende „*ETWAS*", also zum Beispiel die emotionale Blockade oder ein Glaubenssatz oder aber auch der Stress, nicht mehr so nah empfunden werden, wie es

ASTRONAUT ? KANN ICH !

noch vorher der Fall war. Der Kunde empfindet, dass sich seine Belastungen jetzt gefühlt viel weiter weg von ihm befinden.

Was zu Beginn der Arbeit mit emotionSync.® noch unter einem Meter war, ergibt sich jetzt eine Distanz von 5 Meter und mehr. Manchmal sogar, verschwindet die Sichtweite ganz. Das heißt, der Kunde sieht es gar nicht mehr und auch das Gefühl, da könnte noch was sein, geht fast ganz verloren.

Hier für die Interessierten eine kleine Übersicht über die internen Tools der emotionSync.® Methode:

clapSync.
Die Methode zur auditiven Ankerbeschleunigung. Sie eignet sich besonders gut zur Veränderung limitierender Glaubenssätze in Richtung positiv antreibend.

moveSync.
Diese Methode wird zur Energiebeschleunigung im Körper ange-wandt. Dadurch werden alte Verhaltensmuster neutralisiert und neue Energien aufgebaut.

pushSync.
Diese Methode wendet man zur Beschleunigung der Submodalitä-ten an. Die Energieerhöhung löst negative Emotionen sehr schnell auf.

tapeSync.
Hiermit werden kinesiologisch die richtigen Energiebahnen „be-klopft". Die richtige Geschwindigkeit und die Erhöhung des Klopftaktes hilft körperliche Beschwerden zu mindern oder gar zu lösen.

eyeSync.
Diese Methode bedient sich der visuellen Neutralisierung von hinderlichem Verhalten über die Augenbewegungsmuster, ange-lehnt an EMDR, NLP, Kinesiologie, CQM und Energiebeschleu-nigung. EmotionSync® ist ein intensiver wissenschaftlicher Up-grade zu anderen bekannten Methoden.

Bewältigung extremer Lebenssituationen

Astronaut, Passagier eines Weltraumfluges zu sein bedeutet, die Bewältigung einer extremen Lebenssituation, die jeder Mensch, individuell anders empfindet. Und genau da setzen wir an.

Jeder Mensch empfindet doch eine Lebenssituation, nämlich seine eigene, als extrem oder eben nicht.

Nehmen wir als Beispiel hier doch, einmal einen Sprung mit einem Seil, von einem Turm = Bungee-Jumping Sprung. Entscheidet bitte selber für euch, ob es für euch eine extreme Lebenssituation ist oder nicht!

Und jetzt kann man das Ganze noch erweitern auf den jeweiligen Beruf, den jeder von euch wahrscheinlich wohl haben wird. Wer empfindet denn gerade seinen Job als extrem? Extreme Belastung? Mein Job hat die extremste Belastung? Zeitaufwand? Ihr merkt die Unterschiede.

Ich glaube, wir sind uns einig, dass ein Astronaut einen extremen Job zu verrichten hat. Er oder sie muss ständig extreme Lebenssituationen meistern. Und er oder sie tun es. Für uns, so scheint es mit einer Leichtigkeit, die wir wiederum gerne für unseren Alltag hier auf der Erde gerne hätten.

Die Idee oder der Wunsch, der vielleicht in dir schlummert, selber einen suborbitalen Flug zu erwerben und dann auch zu fliegen, ist wahrscheinlich groß.

Doch es wird für dich auf jeden Fall eine Bewältigung einer extremen Lebenssituation sein.

Es liegt an dir, zu entscheiden, mit wie viel Stress oder mit wie viel Stressfreiheit du das Ganze angehen möchtest?

Wie genau läuft denn so ein Space Coaching® ab?

Ich habe hier den Auszug aus unserem „Draft Paper" genommen. Dadurch kann man erst Recht erkennen, mit welchem Elan wir dabei sind. Das „Draft Paper" wurde am 06.12.2019 veröffentlicht und zeigt auf, welche Maßnahmen zu ergreifen sein sollten, damit ein kommerzieller Passagier, aus mental-psychischer Sicht, überhaupt fliegen darf.

Der Ablauf entspricht unserer Analyse und basiert auf den bereits geführten Gesprächen oder Interviews.

Primary Check – Reiss Motivation Profiling

An Tag 1 schauen wir den vorher ausgefüllten Test „Reiss Motivation Profiling" an. Das Reiss Profil gibt uns Aufschluss über die Antreiber der Passagiere. Im Laufe unserer Arbeit können wir so schauen, wo seine Motivation liegt und wie wir diese triggern können.

Motivatoren wurden seit den 1950ern bereits wissenschaftlich untersucht und ausgewertet. Motivatoren sind beim Menschen festgesetzt und verändern sich nach dem 8. Lebensjahr nicht mehr. Von daher ist die Aussagekraft der Motivatoren/Antreiber eines Menschen eine wichtige psychische Aussage.

Ebenso wird am 1. Tag immer der "Primary Check" durchgeführt. Mittels einer Simulation eines Fluges, über eine Trance ähnliche Situation, ermitteln wir, wo an welcher Stelle der jeweiligen Situation ein Stress entsteht. Dieses erreichen wir durch einen kinesiologischen Test.

Am ersten Tag besprechen wir dann mit dem möglichen Passagier, wo und an welcher Stelle was entstanden ist und was das nun bedeutet. Es wird also ein Programm erstellt, damit an diesen Stellen, Momenten, kein Stress mehr entsteht oder entstehen kann. Ganz wichtig hierbei, wer diesen Test nicht besteht, der darf aus unserer Sicht nicht mitfliegen. Stressfreiheit bis zu 90 % sollte, ja muss vielleicht sogar als Standard herhalten. Das ergibt sich aus dem Ergebnis. Ebenso muss darauf geachtet werden, welche Stresspunkte auftreten.

Das bedeutet die Qualität und Intensität sind mitentscheidend. Jeder Space Coach® kann auf jahrelange Erfahrung zurückgreifen. Stress ist kein Fremdwort für einen qualifizierten Space Coach®. Das Space Coaching® Programm zeigt demnach eine Lösung auf. Und durch das Training verändern sich die Testergebnisse.

Nach Ablauf des Space Coaching®, egal wie viele Tage benötigt werden, erstellt der Space Coach® einen neuen Primary Check und überprüft die Stressmomente. Sollte das Testergebnis diesmal über 90 % ausfallen, würde der Passagier die Freigabe zum kommerziellen Raumflug erteilt bekommen.

Der Tag 1 ist Pflicht. Sollte der Passagier den Test beim ersten Mal schon bestehen, reduzieren sich die anderen Tage unter Umständen wie folgt:

Was passiert jetzt innerhalb dieser Tage? Hier muss man immer individuell schauen, was denn bei dem Ergebnis des "Primary Checks" herausgekommen ist. Daraus ergibt sich dann eben das Space Coaching®.

Der auftretende Stress wird ebenso gecoacht über das gelernte Space Coach® Programm. Dazu kommt noch der Erfahrungsschatz des durchführenden Space Coaches®. Jeder von den Space Coaches® ist im Besitz von mannigfaltigen Tools.

Modeling
Bewältigung von extremen Lebenssituationen

Der Passagier wird bestimmt das eine oder andere Erlebnis gehabt haben, auf das er sich beziehen kann. Diese nimmt man dann und vergleicht sie mit den Zukünftigen. Somit entsteht ein Vergleich, aus dem der Passagier lernen kann und auch wird. Das Erlernte wird mittels Ankertechniken gespeichert. So kann der Passagier diese jederzeit abrufen, besonders in und für Notfallsituationen.

emotionSync®
Traumatherapeutisches Arbeiten

Glaubenssätze können hinter einem Stress liegen, ebenso traumatische Verhältnisse, bis hin zu Psychosen. Der Space Coach® besitzt unter anderem das Tool, emotionSync® eine Kombination aus EMDR, MFT, EFT, Kinesiologie, Physik, Kybernetik. Alles auf

eine wissenschaftliche Auswertung bezogen. Dazu eine hervorragende Fragetechnik, einen systemischen Coaching Ansatz.
Jeder Space Coach® verfügt über exzellente Kommunikationstechniken und er weiß mittels Trance- und Miltonsprache zu überzeugen.

Der Passagier kann hier auch über seine möglichen Ängste oder möglich aufkommenden Probleme reden, die nicht aus dem Test als Ergebnis hervorgegangen sind. Ängste steht nur für eine Möglichkeit.

Emotional ausgeglichener Haushalt

Wie schon beschrieben arbeiten wir mit den Emotionen der kommerziellen Passagiere und schauen intensiv darauf, dass er sich jeden einzelnen Punkt seiner Emotionalität auch anschaut.

Über die Kinesiologie testen wir, ob Stress besteht oder eben nicht. So testen wir jede einzelne Emotion.

Mentales Training – 5 Sinne

Innerhalb dieser Tage coachen wir auch MentalFitness. Wir schauen, welche Art der mentalen Vorbereitung vonnöten sein könnten. Hierbei kommt es natürlich darauf an, mit welchem Anbieter er mitfliegen will oder möchte. Je nachdem passen wir dann zum Beispiel unser "Worst Case" Training dementsprechend an. Passenger Rescue Space Management – PRSM, als Ergänzung zum CRM.

Zum mentalen Training gehört aber, sich fokussieren zu lernen: Atemübungen, meditative Übungen, Mudras, Selbst-Coaching Übungen.

Das wird intensiv verbunden mit der Stimme des Space Coaches® und auch unter Umständen in einer Trance verankert. Die Art des mentalen Trainings hängt ab von dem, was der Passagier haben möchte, bzw. welche Techniken er bevorzugt.

Als Grundmuster empfehlen wir den Passagieren die 5 Sinne zu trainieren und Focusing zu erlernen.

Zum Training sollte auch gehören bestimmte Achtsamkeitsübungen zu trainieren, die man dann in Notfallsituationen anwenden könnte und sollte. Dafür werden vielleicht 2 – 3 Tage benötigt. Der Passagier soll sich mental so vorbereiten wie zum Beispiel ein Bobfahrer vor seiner Fahrt oder eine alpine Skiläuferin.

Der Tod

Innerhalb der Tage 2 – 8 spielt sich noch ein sehr wichtiges Thema ab. Wir stehen dem Passagier zur Seite, um mit ihm das Thema zu besprechen: Was passiert, wenn es passiert? Sprich, wenn es einen Unfall geben sollte. Und er im schlimmsten Fall stirbt. Dafür haben wir mindestens einen Tag vorgesehen.

Das Ganze basiert auf das „Astronaut to Astronaut" Produkt, das die NASA immer schon angewendet hat. Wir haben dies als Basis genommen und adaptiert auf die Welt der Passagiere, die wohl maßgeblich aus dem Business kommen werden. Der Space Coach® redet mit dem Passagier über den Tod.

Welche Vorkehrungen wurden getroffen, wenn überhaupt welche getroffen worden sind? Die Familie wird mit eingebunden, die Freunde, die wichtigsten Menschen in seinem Umfeld eben. Testament? Vorsorge Vollmacht? Im Rahmen dieser Thematik wird es auch sein, dass weitere Themen auftauchen werden, die geklärt werden sollten, bevor es zum kommerziellen Raumflug kommt.

Zwischen einem und zwei Tagen kann die Thematik schon den Space Coach® samt Passagier beschäftigen.

Innerhalb der 2 – 8 Tage besteht viel Spielraum, was die Dauer und Länge der Tage anbelangen. Wenn der Passagier mehr Tage benötigt, dann ist es ebenso. Der kommerzielle Passagier kann durch seine Aktivität in einem Zeitraum X es hinbekommen seine Freigabe durch die Space Coach Academy® zu erhalten.

Ein „No-Go" würde es nur geben, wenn er den Primary Check© nicht besteht. Im Gegensatz zu einem medizinischen Check wird es hier nicht wirklich ein grundsätzliches „No-Go" geben. Im Regelfall wird es einen Weg geben. Die Frage wird immer sein, ob der Passagier diesen Weg auch gehen will.

Nach der Landung

Im Normalfall sind jetzt noch 2 Tage vorhanden, die dafür aufgewendet werden, wenn der kommerzielle Passagier wieder zurück ist. Also nach der Landung. Aus der Erfahrung heraus wissen wir hier, dass viele einfach, sprachlos sein werden oder wie bei den Astronauten, auch gewesen sind. Der kommerzielle Passagier möchte aber ganz bestimmt von seinem Abenteuer erzählen.

Dazu muss er erst einmal wieder seine Worte finden. Dabei ist sein Space Coach® ihm behilflich. Ebenso wird er über sein Abenteuer reden, um es zu verarbeiten. Hier hilft einmal mehr die Technik des Space Coachings®.

Qualität – Quantität – Freigabe

Im Durchschnitt werden wir also 10 Tage mit dem Passagier arbeiten. Nicht am Stück, sondern so verteilt, dass diese vor seinem Flug verbraucht sind, Tageweise oder auch mal zwei Tage am Stück, je nach Thema und Intensität.

Wir empfehlen, dass das Space Coaching® nicht mehr als acht Monate vor dem Start stattfindet. Der Beginn kann bereits vor einem Jahr gelegen sein, aber der letzte „Primary Check" darf nicht länger als 6 Monate vor dem Start durchgeführt werden.

Das gesamte Space Coaching® variiert natürlich immer. Trotz aller Planung können unvorhergesehene Dinge passieren. Störungen, gerade vonseiten des kommerziellen Passagiers haben immer Vorrang. Und müssen schnellstens bearbeitet werden. Sprich, wenn hier alte, schon längst vergessene Problematiken auftauchen sollten, dann ist das nicht nur wichtig, sondern vielleicht sogar entscheidend. Aber das ist ein normaler Prozess beim Coachen an sich schon. Daher nichts Außergewöhnliches.

Aus der Erfahrung heraus kann ich nur sagen, dass die 10 Tage sehr realistisch sind. Vor allen Dingen, wenn man bedenkt, wie die Tage aufgeteilt sind. Wir hatten schon Anfragen, wo bei den Vorgesprächen rauskam, dass die Kandidaten davon ausgingen, man bräuchte bei ihnen mindestens 30 Tage und mehr. Und nach dem Primary Check stellte sich dann heraus, dass dieses ganz bestimmt nicht notwendig sei.

Aus der Coaching-Erfahrung heraus kann ich nur sagen, dass die Dinge, von denen man annimmt, sie dauern ewig und dass es sich um eine sogenannte harte Nuss handelt, meistens ganz harmlos sind. Das bedeutet, man wird in diesen Fällen erfahrungsgemäß nicht so lange brauchen.

Schlimmer ist es in der Regel meistens bei den Menschen, die von vornherein schon erzählen, dass alles halb so wild sei. Da steckt dann auch wieder erfahrungsgemäß jede Menge an Tiefgang drin und jede Menge an Tagen.

Wieso sollte man mit uns arbeiten wollen?

Es gibt einfach keine wirkliche Alternative.

Als Coaches sind wir in der Lage uns massiv in die Situation hineinzuversetzen, um letztendlich auch Lösungen zu finden.

Wir sind mittlerweile Spezialisten, was die Entdeckung anbelangt, wo die menschliche Komponente bei kommerziellen Weltraumflügen so ihre Schwachstellen nun einmal hat. Gerade deshalb sind wir die richtigen Ansprechpartner für denjenigen oder diejenige, die gerne Astronaut werden möchten.

Wir haben die beste Perspektive. Wir haben gelernt, die Perspektive immer und überall einzunehmen.

Und diese Methode geben wir auch an Nicht-Astronauten weiter. Meistens reden wir hier von Unternehmen, also in den Unternehmen zu Arbeiten und mit den Menschen dort. Space Coaching® halt.

Wieso wird das Programm der Space Coach Academy® eigentlich zertifiziert?

Also da muss man bitte folgendes unterscheiden. Unser Programm ist von Seiten des weltgrößten Coachingverbandes dem ICF zertifiziert, der International Coaching Federation. Und auch von Europas größtem Verband, der ECA-European Coaching Assoziation lizenziert worden. Die Space Coach Academy® ist eine anerkannte Lehrakademie. Und die Lehrcoaches sind daher allesamt ebenfalls lizenziert und anerkannt.

Der Stellenwert, der damit mittlerweile erreicht wird, ist weit über die Grenzen Hamburgs oder Deutschlands bekannt und wird sehr geschätzt.

Bewerber die sich für den Lehrgang zum Space Coach® interessieren, bewerben sich nicht mehr nur, damit sie vielleicht irgendwann einmal mit den Future Astronauten arbeiten dürfen. Nein, sie machen das, weil es eine anerkannte Zusatzausbildung zum normalen Coach geworden ist. Also der eine oder andere hat schon eine Ausbildung zum Coach gemacht und will sich aber weiter qualifizieren. Und hier zählt der "Space Coach®" nach dieser kurzen Zeit bereits zur Crème de la Crème. Und darauf ist die Space Coach Academy® mächtig stolz.

Das haben wir uns gewünscht, aber dass dieser Traum so schnell in Erfüllung gehen würde, hätte niemand hier gedacht.

Eine weitere Zertifizierung läuft derzeit, und zwar die über die FAA – Federal Aviation Administration – die Flugsicherungsbehörden oder Flugsicherheitsbehörde in den USA.

Unser *Draft Paper* ist auch dort eingereicht und wir gehen davon aus, dass wir noch in diesem Jahr zertifiziert werden, was unsere Maßnahmen zur Sicherheit der kommerziellen Passagiere von Weltraumreisen, Schwerpunkt suborbital, anbelangt.

Niemand außer der *Space Coach Academy*® verfügt derzeit über ein solches Programm. Und selbst wer das hier liest oder unser „*Draft Paper*", wird sich so schnell wie wir es bereits erreicht haben, eine Expertise schaffen können.

Zumal unsere Zertifizierung auch mit sich bringen würde, dass versicherungstechnische Vorfälle besser bearbeitet werden können. Laut der FAA und einem veröffentlichen Papier dürfen die Gesellschaften die kommerziellen Passagiere unter anderem in den suborbitalen Raum ohne jegliche Checks oder Prüfungen einfach so befördern. Aber die Sache hat einen Haken.

Sollten sich Unfälle ereignen, dann müssen diese Unternehmen, die den kommerziellen Passagier befördern, lückenlos belegen, dass alles auch in Ordnung war, MentalPsyche© mäßig und auch medizinisch! Also wenn dann zum Beispiel Ausraster auf dem Flug waren, könnte das versicherungstechnisch wahrscheinlich sehr teuer werden.

Daher haben wir ja unser Programm, dass selbst diese Dinge berücksichtigt.

Die Gesellschaften und Unternehmen, mit denen die *Space Coach Academy*® in regelmäßigem Austausch steht, sind was das anbelangt noch sehr zurückhaltend.

Wir kennen das leider seit Jahren schon. Aber ich möchte diese Firmen auch in Schutz nehmen. Die Firmen konzentrieren sich einfach fast nur auf die Technik. Und selbst das ist schon enorm viel Arbeit. Die Technik muss ja auch funktionieren, und zwar zuverlässig. Und dauerhaft sicher nach Möglichkeit.

Da kann man bitte nicht auch noch die medizinische, körperliche oder die psychische Komponente berücksichtigen. Wir tun dieses in erster Linie für den Bereich der Psyche.

Das Motto der Space Coach Academy® ist immer: Wir sorgen für die menschliche Komponente. Und zwar so, dass der Mensch, der mitfliegt, sich vor, während und nach dem Flug absolut SICHER fühlen kann. Nach Möglichkeit mit Selbstvertrauen und Zuversicht und voller Begeisterung in das Fluggerät einsteigt. Und gesund und voller Glückshormone wieder gesund aussteigt.

Der zweite Part bleibt der medizinische Teil und dann der technische. Beides haben wir nicht in der Hand. Und schon gar nicht die Fluggeräte.

Was brauchst du, damit auch du ein AstronautTrainer for MentalPsyche© sein könntest?

Das ist relativ einfach: Du musst dich begeistern für das, was wir machen und machen werden. Du solltest eine gewisse Affinität mitbringen, zum Beispiel, dass du dich für den Weltraum interessierst oder einfach nur ein Sciencefictionfan bist, der als Kind vielleicht schon immer Start Trek geschaut hast.

Das darfst du dann uns gerne schreiben. Wir nennen das ein Motivationsschreiben, in dem du beschreibst, wieso ausgerechnet du mit dabei sein möchtest und wieso wir dich nehmen sollen.

Es wäre super, wenn du bereits eine Ausbildung als Coach mitbringen würdest oder aus einem ähnlichen Gebiet: Trainer, Berater, Consultant, Psychologe, Therapeut oder auch Ärzte, Fliegerärzte, Taucher, Tiefseetaucher, Piloten oder Pilotinnen.

Wir schauen uns ohnehin alles sehr genau an. Nicht nur, welche Ausbildung du absolviert hast, sondern auch welche Inhalte dabei waren. Es kam schon vor, dass wir auch Nachschulungen machen mit den jeweiligen Personen mussten. An Zeit muss man, je nachdem, nochmals 2 bis 5 Tage länger berechnen.

Dann musst du noch ein intensives Gespräch mit meiner Person über dich ergehen lassen. Da kümmere ich mich noch selbst drum. Ich möchte hier einfach die Begeisterung für den Space Coach® Lehrgang spüren, das ist mir sehr wichtig. Ich muss es schließlich verantworten, dass du auch zu uns passt.

Der Ablauf des Space Coach® Lehrganges läuft derzeit in 17 Tagen, verteilt auf 5 Module, ab. In Europa sind die Veranstaltungsorte Hamburg, Bremen, Koblenz, Mallorca und Wien.

Innerhalb des Lehrganges geht es eben darum, dass jeder der teilnehmenden Personen, die alle Coaches oder Ähnliches sind, ein Gespür dafür bekommen, wie es echten Astronauten ergehen wird oder könnte. Daher hat die Space Coach Academy® mit verschiedensten Unternehmen aus dem Weltraumbereich Kooperationen abgeschlossen.

Wir besuchen zum Beispiel die Produktionsstätten der Ariane-Raketen in Bremen. Dort wird auch das Versorgungsmodul der Orion gebaut, die die Astronauten wieder zum Mond bringen soll.

Wir arbeiten in der Trainingshalle, wenn dort Zeiträume frei sein sollten, im Astronautenzentrum der ESA im EAC (Europäisches Astronauten Centrum) in Köln. Als Ausweichmöglichkeit können wir auch in Bremen bei Airbus arbeiten. Dort stehen als 1:1 Modell die Module der Japaner und das Columbus-Modul der Europäer.

Wir arbeiten im Space Curl und fliegen in der Indoor Sky Diving Anlage. Unser Partner ist das Windobona in Wien, Berlin, Barcelona und auch bald in Hamburg.

Dazu gesellen sich natürlich die Einweisungen in die gesamte Materie. *Space Business.* Dazu natürlich die Coaching Tools und auch noch unser CompanyTool.

Das Reiss Motivation Profil wird natürlich mit jedem durchgeführt und alleine und in der Gruppe besprochen.

Dazu sind wir noch in Hamburg beim Dialog Haus und unserem Partner Kaffeebrewda (ausgesprochen KaffeeBruder). Hier geht es um deine Sinnesfähigkeiten. Und wir coachen natürlich auch, damit du auch später unseren Primary Check erfolgreich alleine durchführen kannst.

Die 17 Tage verfliegen wirklich sehr schnell. Es besteht sogar die Möglichkeit, die Module individuell zu reihen, solltest du mal nicht können. Dadurch verlängert sich nur die Zeit, die du benötigst, bist du dein Zertifikat in den Händen hältst.

Wir haben derzeit 50 Space Coaches®, die den Lehrgang seit 2014 durchlaufen haben. Wir brauchen aber weltweit natürlich noch viel mehr.

Zusatzausbildungen für den Space Coach®

Daher empfehlen wir, dass ausgebildete Space Coaches® zusätzlich eine Ausbildung in notfallmedizinischen Maßnahmen erhalten - unter Bezugnahme der besonderen Bedingungen im Weltraum, sprich der Raumfahrt. Das würde jedoch bedeuten, dass die „Space Coaches" (Boden-Personal) auch als Support mitfliegen müssten. Wir nennen das den „Space Counselor" (Fliegendes Personal).

Das kann sehr vielfältig sein und ist natürlich auch spannend für diejenigen unter euch, die doch viel lieber Astronaut werden wollen.

Parabelflug

Als Parabelflug wird ein besonderes Flugmanöver bezeichnet, bei dem das Flugzeug eine zur Erdoberfläche geöffnete Wurfparabel beschreibt.

Der Zweck dieses Manövers ist das Erreichen von Schwerelosigkeit oder die Simulation einer verminderten Schwerkraft, wie z.B. der Mond- oder Marsgravitation. In der Praxis werden meist 5 bis 30 Parabeln hintereinander geflogen.

Schwerelosigkeit während eines Parabelfluges
Beim Einleiten des Steigfluges sowie beim Abfangen des Sturzfluges herrscht im Flugzeug nahezu doppelte Schwere, zusammengesetzt aus der Gravitation und der dabei etwa ebenso starken Trägheitskraft.

Vorgehensweise

Die Maschine fliegt zuerst horizontal mit Höchstgeschwindigkeit, etwa 800 km/h oder 220 m/s. Sie geht dann in einer 1. Phase in einen Steigflug über, bis ein Neigungswinkel von 47° erreicht wird. Während dieser Phase herrscht in der Maschine etwa die doppelte Erdbeschleunigung. Die horizontale Komponente der Geschwindigkeit beträgt, ähnlich wie die vertikale, rund 550 km/h oder 150 m/s.

In der normalerweise etwa 5 Sekunden andauernden 2. Phase, einer Transitionsphase, werden die Triebwerke gedrosselt, sodass der Schub nur den Luftwiderstand ausgleicht und das Flugzeug langsamer wird.

In dieser Phase kann man eine deutliche Schwerkraftabnahme spüren, ähnlich jener, wenn in einem normalen Flug der Landeanflug eingeleitet wird.

Die 3. Phase ist der eigentliche Parabelflug. Der Pilot drückt den Steuerknüppel leicht nach vorne, sodass die Maschine einer Wurfparabel folgt.

Die Passagiere im Innern befinden sich nun in weitestgehender Schwerelosigkeit (Mikrogravitation).

Dabei steigt die Maschine zunächst weiter mit abnehmender Vertikalgeschwindigkeit und abnehmendem Winkel, bis sie die Maximalhöhe, abhängig vom Flugzeugtyp, etwa 7000 bis 8500 m, erreicht.

Danach sinkt die Maschine wieder mit zunehmender Vertikalgeschwindigkeit.

Die Vertikalbewegung in Zusammenhang mit der Fluggeschwindigkeit ist in der gesamten 3. Phase so, wie ein freier Fall.

Die Dauer der Schwerelosigkeit beträgt im Durchschnitt rund 22 Sekunden, dies entspricht einer vertikalen Anfangs- bzw. Endgeschwindigkeit von etwa 108 m/s oder 390 km/h und einem Höhenunterschied jeweils von knapp 600 m.

In der 4. Phase (einer weiteren Transitionsphase) leitet der Pilot bei einem Bahnneigungswinkel von rund -45° die Schwerelosigkeit gleichmäßig aus, damit in der Kabine alle Personen sanft auf den Boden zurückkommen.

In der 5. Phase wird der Sturzflug nun durch Ziehen des Höhenruders abgefangen, die Triebwerke werden wieder hochgefahren. Hierbei herrschen wiederum etwa 2 G. Dieser Vorgang dauert 20 Sekunden.

Nach einer Pause von etwa zwei Minuten im Horizontalflug wird dann die nächste Parabel begonnen.

Hier werden also hervorragend zwei Dinge trainiert: Die Schwerelosigkeit und wie man sich selber dort verhält. Hier kann man testen, ob und wie man es aushält. Dabei können bis 3 G-Kräfte erreicht werden.

Ein Astronauten-Zusatz-Training der besonderen Art.

Durch die Beschleunigung und die Steilflüge senden Augen und Gleichgewichtsorgane Informationen an das Gehirn, die inhaltlich nicht zusammenpassen. Einige Menschen reagieren auf die schnellen Schwerkraftwechsel bei einem Parabelflug mit Übelkeit oder Brechreiz. Daher werden vor einem solchen Flug Antiemetika verabreicht, meist Scopolamin.

Wegen der unangenehmen Symptome bei vielen Teilnehmern tragen die Flugzeuge, mit denen solche Flüge durchgeführt werden, auch gelegentlich den Spitznamen „Kotzbomber".

Der Kostenpunkt für einen Parabelflug: ab circa 3.000 € aufwärts.

Humanzentrifuge

Die Humanzentrifuge ist eine große Zentrifuge. Dieses technische Gerät besteht aus einer Kabine, welche über den Arm mit einem drehbaren Lager verbunden ist. Durch Rotation der Zentrifuge erfährt der in der Kabine sitzende oder liegende Mensch eine Zentrifugalkraft. Diese Kraft kann ein mehrfaches der normalen Gewichtskraft betragen. Die Belastung wird auch als G-Kraft in Vielfachen der normalen Fallbeschleunigung G angegeben.

Die Humanzentrifuge wird genutzt, um mögliche Auswirkungen größerer Kräfte auf den Menschen zu untersuchen. Ferner dient sie dazu, Piloten und Astronauten einem Training zu unterziehen.

Beim Start einer Rakete kommt es zu Beschleunigungen von bis zu 4 G, Kampfjets und ihre Piloten erfahren bei bestimmten Flugmanövern Beschleunigungen von bis zu 10 G und mehr.

Dieser Umstand muss sowohl technisch als auch körperlich bewältigt werden und deswegen werden Humanzentrifugen für die Flug- und Raumfahrtmedizin genutzt.

Je schneller sich die Humanzentrifuge dreht, umso höher ist die Gefahr der Bewusstlosigkeit eines in der Kabine liegenden Menschen. Das Blut in den Adern folgt der Zentrifugalkraft, die radial von der Rotationsachse aus nach außen gerichtet ist.

Das Blut wird vom Gehirn zu den Füßen gedrückt, wodurch das Gehirn nicht mehr mit ausreichend Blut versorgt werden kann. Diesem Umstand wirken sogenannte Anti-G-Anzüge entgegen.

In Baikonur steht die größte Langarm-Zentrifuge. Die meisten Trainings finden aber in sogenannten Kurzarm Zentrifugen statt. Solche Trainingseinrichtungen findet man in ganz Europa und aber natürlich auch in den USA oder in Russland.

Kostenpunkt für eine solche Fahrt liegt um die 3.000 – 5.000 €.

Tauchtraining

Hier geht es darum, ein Gefühl von Schwerelosigkeit zu erreichen und in einem speziellen Taucheranzug bestimmte Arbeiten zu verrichten. Natürlich immer in Begleitung und Absicherung.

Kosten circa ab 5.000 € aufwärts. Das hängt aber auch davon ab, wo man das Ganze durchführen will: Frankreich, USA, Köln im Astronauten Centrum, Russland und noch viele weitere Locations.

F-14 Flüge

Das kann auch ein anderer Typ von Flieger sein. Man sitzt meistens hinter dem Piloten und wird relativ schnell an seine Grenzen geführt. G-Kräfte und auch den Zero Point, der zu einer kurzen Schwerelosigkeit führt, zeigen einem sehr schnell auf, wo die eigenen Grenzen liegen.

Kostenpunkt liegt hier auch so ab 3.000 € aufwärts.

Es gibt noch jede Menge an anderen Trainingsmöglichkeiten.

Für Space Coaches® gilt hier Folgendes:
Zusatztrainings im Bereich Parabelflüge, Zentrifugen-Fahrten und Unterwassertraining. Gerade das Training unter Wasser ermöglicht bestimmte Tätigkeiten zu üben, bevor diese bei einem Flug passieren könnten.

Dazu wie schon erwähnt die medizinische Notfallversorgung, die Sicherheit für die kommerziellen Passagiere darstellen soll.

Der Autor Alexander Maria Faßbender®

Alexander Maria Faßbender® ist ein Asperger Kind mit einer genialen Resilienz. In der Kindheit, dem Jugenddasein und als junger Erwachsener nannte man ihn dumm. Idiot, was kannst du schon. Er studierte trotzdem Sozialpädagogik, Psychologie und Medizin.

Das Aufstehen leichter funktioniert, wenn man weiß, wie Hinfallen funktioniert, lernte er früh. Sein Leben ist geprägt durch Leistung, Ehrgeiz, Begeisterung, Demut, Respekt, Erfolg, Achtsamkeit und ganz wichtig Nachhaltigkeit und Dankbarkeit.

Seine ersten emotionalen Erfahrungen sammelt er erst im Alter von 45. Dafür intensiver und mit einem schier unstillbaren Durst nach mehr, wie die Normalos es nie erleben könnten. Das hat er, seiner vor kurzem verstorbenen Ridgeback Hündin „Shiva" zu verdanken. Eine ganz spezielle Geschichte.

Insolvenz(en), mehrfacher Millionär und Millionen Schulden, schwere Krankheiten, Unfälle massivster Art, dem Tod dabei immer in Sichtweite, stand er immer wieder auf.

Sein Prinzip lautet:

Wenn du mir die Hoffnung nimmst, werde ich schon gestorben sein. Und wer sich ständig hinterfragt, wird sich dabei auch ab und an auch neu erfinden.

In seinen Vorträgen erzählt er vom Leben und wie *JEDER* sein Leben auch bewältigen kann oder könnte. Wie man Hinfallen kann, ohne gleich zu scheitern. Wieso Hoffnung das Wichtigste im Leben ist und wieso Demut der Schlüssel zum Erfolg für jeden darstellen kann.

Bewusstes Leben.

Die Sinnhaftigkeit des Daseins und dessen, was auch immer man machen könnte. Hast du jemals für dein Leben trainiert? Dann wird es aber Zeit.

Durch seine Mentoren Blacky Fuchsberger, Sir Peter Ustinov, Hardy Krüger und seine Großmutter und natürlich auch „Shiva", versteht Alexander Maria Faßbender® es, seinen Storys den unverwechselbaren Charme zu geben. Wissensinfotainment nennt er das.

Stets bewegend, berührend, begeisternd und Bewusstseinsfördernd. Lachen, weinen, ärgerlich, frustriert und vieles mehr. Hauptsache: *Emotionen*. Der Mensch besteht aus Emotionen, also muss man diese auch in Balance bringen. Alle Emotionen, nicht nur die, die uns gefallen.

Seit 2012 berichtet er inspirierend, bewegend von den Erlebnissen der Astronauten, seiner Arbeit als *AstronautTrainer for Mental-Psyche©*. Er hat dafür eine eigene Marke entwickelt: *Space Coach®*.

Diese besondere Verknüpfung, von der Faszination des Weltraums und der gesamten Schönheit der Erde, der unglaublichen Arbeit der Astronauten.

Der Transfer in den „ALLTag" für JEDEN, steht dabei im Mittelpunkt. *StressFreiheit, emotionale Balance, mentales Training, Entscheidung(en), Orientierung, Leadership, Inspiration, Perception, Kommunikation* und jede Menge Geschichten, die leider der Wahrheit entsprechen. So unglaublich es manchmal auch klingen mag. Dazu faszinierendes Bildmaterial, das sind nur einige Möglichkeiten von denen er begeisternd berichtet.

Mut zum Leben, fürs Leben. Nicht alles kann man bestimmen, aber versuchen sollte man es immer. Innere Gelassenheit ist Trumpf. Angekommen SEIN bei sich selbst und bei seinem Leben, wer will das nicht. Auf der Bühne inspiriert er und begeistert.

Das Beste ist jedoch, er ist ein Umsetzer.

Er erzählt nicht nur, was er macht, er und sein Team können Sie auch solange begleiten, bis Sie ihren Erfolg auch wirklich und unabhängig leben können. Wenn Sie es denn auch wollen?

Auf die Frage, was er denn so coacht, kommt immer folgende Antwort: Bis gestern habe er noch mit Menschen gearbeitet. Und die sind in ihrer Vielfalt nicht beschränkt auf ein Thema. Psychisch und Physisch leider keine Trennung möglich.

Webseiten:

www.alexander-maria-fassbender.de
www.space-coach-academy.com

Facebook, Twitter, Instagram, YouTube & Co:
www.facebook.com/alexandermariafassbender
www.facebook.com/SpaceCoachAcademy
www.twitter.com/a_m_fassbender
www.youtube.com/user/VielfaltAMF

Bildnachweis:

Alle Bilder die nicht hier aufgeführt sind, stammen von Karina Schneider oder Alexander Maria Faßbender®. Alle anderen von der Bilddatenbank aus www.pexels.com, freepik.com und stock.adobe.com.

Quellenverzeichnis:

Alle Zitate die nicht näher gekennzeichnet sind, stammen aus der Feder von Alexander Maria Faßbender®. Sollte Ihnen der eine oder andere Satz bekannt vorkommen und nachweislich, belegbar von jemand andern stammen, dann geben Sie uns Bescheid. In der nächsten Ausgabe dieses Buches werden wir den Original Autor vermerken.

Bedenken Sie bitte, dass jeder Autor von diversen Texten und Literatur Material, beeinflusst wird. Inspiriert wurde Alexander Maria Faßbender® von vielem , was er gelesen hat. Er ist sich aber keinesfalls bewusst und auch hat er nicht aus Absicht gehandelt, in dem was er hier zu Papier gebracht hat. Somit sind auch Ähnlichkeiten mit noch lebenden Personen oder bereits Verstorbenen, rein zufällig und nicht beaufsichtigt.

Der Mensch im All, David Owen - Orbis-Verlag
Was uns motiviert - Hrsg: Brunelli Gianella, Daniele Gianella, Maximilian Koch, Irene Krötinger, Benjamin Schulz
https://www.amazon.de/Was-uns-motiviert-Motivation
http://scienceblogs.de/astrodicticum-simplex/2015/03/02/wo-beginnt-der-weltraum/
https://de.wikipedia.org/wiki/Fédération_Aéronautique_Internationale

https://de.wikipedia.org/wiki/Federal_Aviation_Administration
https://de.wikipedia.org/wiki/Stratosphäre
https://de.wikipedia.org/wiki/Suborbitaler_Flug
https://de.wikipedia.org/wiki/Raumfahrer
https://de.wikipedia.org/wiki/Liste_der_Raumfahrer
https://de.wikipedia.org/wiki/Liste_der_Raumfahrer_nach_Auswahlgruppen
https://de.wikipedia.org/wiki/Blue_Origin
https://de.wikipedia.org/wiki/SpaceX#Dragon_V2
https://www.axiomspace.com/axiom-station
https://de.wikipedia.org/wiki/Weltraumtourismus
https://de.wikipedia.org/wiki/Weltraum
https://de.wikipedia.org/wiki/Starship_und_Super_Heavy
https://de.wikipedia.org/wiki/Psychosomatik
https://de.wikipedia.org/wiki/Fliegerärztliche_Tauglichkeitsuntersuchung
https://www.esa.int/Space_in_Member_States/Germany/Das_Europaeische_Astronautenkorps2
https://www.esa.int/Space_in_Member_States/Germany/FAQ_ESA-Astronauten_-_Ausbildung_und_Aufgaben
https://de.wikipedia.org/wiki/Egomanie
https://de.wikipedia.org/wiki/Crew_Resource_Management
https://de.wikipedia.org/wiki/Sex_im_Weltraum
https://www.sueddeutsche.de/gesundheit/weltraummedizin-die-vermessung-der-astronauten-zwillinge-1.4405974
https://de.wikipedia.org/wiki/Parabelflug
https://de.wikipedia.org/wiki/Humanzentrifuge

Neues aus Alltagshausen - Der Podcast

Neues aus ALLTAGSHAUSEN unterstützt dich dabei, neue Perspektiven und Möglichkeiten für deinen ALLTAG zu finden.

Die Inhalte werden dich motivieren, inspirieren und einfach bewegen, deinen ALLTAG anders/neu zu gestalten.

Im besten Fall löst es sogar das eine oder andere Problem in deinem Leben.

Alexander Maria berichtet aus seinem Coaching-Alltag, über die Dinge, die ihn oder seine Kunden wirklich bewegen. Er hat als Asperger Kind einen anderen Blick auf die Welt, seine "Inseln" zu betreten ist faszinierend.

iTunes - *https://podcasts.apple.com/de/podcast/neues-aus-alltagshausen/id1473021531* und oder Spotify *https://open.spotify.com/show/1EKJG4eAzP4fw86adQEVBb*

Literaturliste

ASTRONAUT ? KANN ICH !

Inspiration4Life - The Collection

von Alexander Maria Faßbender®

Ein Arbeitsbuch und Sammlung von Storys und Geschichten aus dem Leben und dem Coaching des Autors Alexander Maria Faßbender® der letzten Jahre. Die authentischen Gedanken sorgen für Inspiration. Sie können ihre eigene Inspiration überprüfen, ihre Identität finden und oder sichern. Checken was Sie wirklich im Leben wollen. Mit dem Thema „Selbstvertrauen" beschäftigen. Inspiriere dich über deine eigene Identität.

Wenn du Sie nicht kennst und deren Möglichkeiten, dann wirst du Sie jetzt ganz bestimmt finden.

Inspiration für was auch immer, ist ein weites Feld. Jeder Mensch inspiriert sich selbst und meistens auch andere. Alexander Maria lässt Sie aktiv arbeiten an bestimmten Stellen, damit es auch wirklich inspiriert. Finden Sie einfach neue Möglichkeiten, neue oder andere Sichtweisen.

Die Gebrauchsanleitung für das Buch ist ganz einfach: Blättern - Stop - Aufschlagen und maximal 3 - 4 Seiten lesen, abgeschlossene Geschichten oder bearbeiten. Feierabend und einfach wirken lassen.

Inspiration - Die Potenz des Selbstbewusstseins

von Alexander Maria Faßbender®

Was Sie immer schon über **INSPIRATION** wissen wollten und sich auch schon oft selbst gefragt haben, aber nie eine Antwort bekamen.

Sie besitzen jede Menge Bücher, die sich damit beschäftigen, wie kreativ Sie sind? Oder wie Sie Ihre Wohnung einrichten können? Welche Architektur Sie beeinflusst? Sie haben sich Bilder angesehen und waren vielleicht auch davon inspiriert? Alexander Maria Faßbender® definiert INSPIRATION ganz neu.

Er gibt dem Wort INSPIRATION einen besonderen Wert und bringt die Formel ein: Inspiration ist die Potenz deines SelbstBewusstSeins. Denn ohne das eigene SELBST zu kennen, sprich die eigene Identität, klappt das nicht mit der **INSPIRATION.**

30 Interviews inklusive der Auswertung und das Fazit aus allen. Dazu liefert Faßbender noch etliche Tools, wie man seine INSPIRATION entdecken und entwickeln kann. Er nimmt die Beispiele der Persönlichkeiten, um zu zeigen, welche Möglichkeiten sich daraus ergeben könnten. Das Buch stellt eine Pflichtlektüre dar, wenn du endlich wissen willst wo sich denn deine INSPIRATION nun befindet.

ASTRONAUT ? KANN ICH !